Die

Lage der Arbeiterinnen

in der

Berliner Papierwaren-Industrie.

Eine soziale Studie

von

Elisabeth Gnauck-Kühne.

Sonderabdruck aus Schmollers Jahrbuch, N. F. Band XX, 2. Heft.

Leipzig,
Verlag von Duncker & Humblot.
1896.

Alle Rechte vorbehalten.

Pierer'sche Hofbuchdruckerei Stephan Geibel & Co. in Altenburg.

Inhaltsverzeichnis.

		Seite
I.	Einleitung.	5—12
II.	Zahlenverhältnis der Geschlechter in Betrieben mit — ohne Anwendung motorischer Kraft. — Verteilung der Jugendlichen (Tabelle 1—2)	12—17
III.	Altersaufbau. Alter und Familienstand (Tabelle 3—5)	17—21
IV.	Lohnverhältnisse. Lohnhöhe verbunden mit Alter, Familienstand, Dauer der Erwerbsthätigkeit. Lohnformen; ihr Einfluß auf den Arbeitsvertrag (Tabelle 6—10)	21—28
V.	Arbeitszeit. Pausen. Lohnschwankungen in der flauen Zeit. Arbeitslosigkeit (Tabelle 11—12)	28—33
VI.	Familienstand; Kinderzahl; Kindersterblichkeit (Tabelle 13—16) .	34—39
VII.	Wohnungsverhältnisse. Miete. Schlafstellenwesen (Tabelle 17—19)	39—43
VIII.	Allgemeine Arbeitsverhältnisse. Arbeitsnachweis. Überzeitarbeit und Lohnzuschlag. Strafgelder. Lohnabzüge. Kündigungsfrist. Lohnunterschiede zwischen männlichen und weiblichen Arbeitern. Heimarbeit. Zwischenmeister (Tabelle 20)	43—56
IX.	Sanitäre Zustände. Luft. Licht. Unsauberkeit. Wasser. Bedürfnisanstalten. Die Ernährung. Konsumvereine. Kantine. Krankheits- und Sterbetabelle (Tabelle 21—22)	57—63
X.	Sittliche Zustände. Der § 120 b der Reichsgewerbeordnung. Die Gewerkschaft (Tabelle 23)	63—72

I.
Einleitung[1].

Das ehrsame Handwerk der Buchbinderei ist nach jahrhundertelangem, vollkräftigem Bestehen in den letzten fünf Jahrzehnten von dem Lose des Alters betroffen worden, langgehegte Familienglieder sich losreißen und in selbständiger Entwickelung über den mütterlichen Boden hinauswachsen zu sehen. Die Herstellung von Geschäftsbüchern und Kartonnagen, sowie die Zurichtung des nötigen marmorierten oder einfarbigen Druckpapiers zu Buch= und Broschürendecken in der Buchbinderwerkstatt hat sich zu selbständigen Geschäftszweigen einer Papierwaren=Industrie entwickelt, welche in dem Rahmen des Buchbinderhandwerks den Zeitbedürfnissen nicht mehr gerecht werden konnte.

Ehe die Maschine in Dienst gestellt wurde, war Produktion wie Verteilung der Güter in einer behaglich=sichern Beschränkung und in einem gemächlichen Tempo vor sich gegangen, welches dem kleinen Meister der verschiedensten Gewerbezweige ermöglichte, sein Soll und Haben im Gedächtnisse zu bilanzieren, in dem er letzteres vielleicht durch einen Vermerk im Notizbuche unterstützte; selbst der Großkaufmann konnte seine Geschäftslage bei einfachster Buchführung übersehen. Die Sachlage änderte sich, als die

---

[1] Den Vertrauensmännern der „Gewerkschaft der Buchbinder und verwandter Gewerbe", welche meine Arbeit gefördert haben, insonderheit Herrn Wittrisch, sage ich hiermit Dank.

Maschine die Produktion verzehnfachte und eine wachsende Vervoll=
kommnung der Verkehrsmittel und der Handelswege aller Kultur=
länder die Erschließung des Weltmarkts und einen Umlauf der
Güter bewirkte, von dem die Altvordern sich nichts hatten träumen
lassen.

Der glänzende kommerzielle Aufschwung, welcher der Verwertung
der Maschine und der Gewerbefreiheit folgte, wurde die Veranlassung,
daß die Kontobuchbinderei erhöhte Bedeutung gewann. Die Aus=
dehnung der Geschäfte und der rasche Umsatz machten eine übersicht=
liche, genaue Buchführung notwendig, und die erhöhte Nachfrage
nach praktischem Material hierzu in Form von Geschäftsbüchern ver=
anlaßte die Gründung von Buchbindereien, welche sich ausschließlich
auf die Herstellung von Geschäftsbüchern warfen. Mit dem steigen=
den Bedarf entstanden unter Anwendung aller technischen Hülfsmittel
große Kontobücher=Fabriken, und damit war ein von der Buchbinderei
losgerissenes Stück Handwerk Gegenstand einträglicher Mittel= und
Großunternehmungen geworden.

Derselbe Prozeß der Abbröckelung eines Stückes Handwerk und
seiner Neuentfaltung auf modern kaufmännischer Grundlage vollzieht
sich mit der Kartonnage.

Noch in der ersten Hälfte dieses Jahrhunderts umfaßte die
Buchbinderwerkstatt die Herstellung von Kartonartikeln. Als aber
mit dem gehobenen Geschäftsverkehr handliche Hüllen zur Verpackung
massenhaft nötig wurden; als deutsche Häuser mit ausländischen in
regere Beziehung, ja in Wettbewerb traten; als das deutsche Publikum
auf Reisen und auf Weltausstellungen eine geschmackvolle Waren=
auslage bewundern lernte und dadurch anspruchsvoller wurde, lernten
ihrerseits die deutschen Geschäftsleute mehr Wert auf sorgfältige
und ansprechende Verpackung der Ausfuhrwaren und gefällige Aus=
lage der lokalen Verbrauchsartikel zu legen, und so stieg die Nach=
frage nach Kartons, Hüllen und Unterlagen für Waren in einem
Maße, dem die Buchbinderwerkstatt nicht entfernt genügen konnte.
Betriebe, welche ausschließlich Kartons fabrizierten, entstanden und
entwickelten sich zu selbständigen Fabrikunternehmungen.

Einen schnellen, glänzenden Aufschwung beobachten wir endlich
in der Herstellung und Ausstattung aller Arten von Papier.

Die ältere der heute lebenden Generationen kann sich noch der
Zeit erinnern, wo der Lumpensammler Zeugreste für die an dem
nächsten Flußlaufe gelegene Papiermühle holte, welche die Lumpen
zu Brei stampfte und ein grobes, poröses Papier herstellte, welches

unter den geschickten Händen des Buchbinders erst für seine Zwecke brauchbar wurde. Er zog es durch Leimwasser oder Brühe von Kalbsfüßen, ließ es trocknen und verlieh der abgelagerten Schicht des Bindemittels mit dem Falzbein Glanz und Glätte. Durch Zusatz von Farbstoffen zu der Flüssigkeit färbte er auch das Papier und maserte es, durch Betupfen mit dem Pinsel oder indem er zwei frischgeleimte Bogen mit der rechten Seite, wo die Farbe aufgetragen war, auf einander legte und sie dann langsam von einander abhob. Kanzlei- und Briefpapier kam als fertiger Artikel in das Ladengeschäft der Buchbinderei. Führte der Buchbinder zwei verschiedene Qualitäten Kanzleipapier und zwei Größen Briefpapier, so wurde er den Ansprüchen seiner Kunden gerecht. Ehe Briefumschläge aufkamen, faltete man den Bogen vierfach zusammen und gebrauchte Licht und Siegellack und Petschaft. Jeder Staat, dessen Grenze das weiße Blatt passierte, erhob Porto; so kostete ein Brief von Braunschweig nach Leipzig 30, nach München 40 Pfennig in heutigem Gelde, ein Umstand, der den Verbrauch von Briefpapier zu fördern kaum geeignet war. Der Konsum des Papiers überhaupt war beschränkter als heutzutage. Man nutzte das einmal vorhandene sparsam aus. Der Krämer kaufte alte Zeitungen, Kanzleipapier und Akten und wickelte in heiterer Unbefangenheit die Waren hinein, die dem Kunden heute in gefälligen Erzeugnissen der Papierwaren-Industrie, etwa einer Papiertüte mit dem Namen der Firma in Buntdruck oder auf einem appetitlichen Papierteller überreicht werden.

Die wirtschaftliche Entwickelung griff auch in diese Verhältnisse befreiend ein. Je mehr der nationale Markt zum Weltmarkt sich erweiterte, je mehr Handel und Industrie sich hoben, desto lebhafter gestaltete sich die Papierproduktion. Aber der glänzende Aufschwung in Handel und Industrie hob nicht nur quantitativ durch größeren Konsum die Papierproduktion, sondern auch qualitativ; er bewirkte allgemein eine verfeinerte Lebenshaltung, welche neue praktische Bedürfnisse zeitigte und (vielfach auf Kosten der Dauerhaftigkeit) an das gefällige Äußere aller Verbrauchsgegenstände erhöhte Ansprüche stellte: so auch an Papier und Papierartikel. Auch die Freizügigkeit blieb nicht ohne Einfluß, sie erweiterte den Kreis persönlicher Beziehungen; neben der geschäftlichen kam auch der private Briefwechsel in Fluß; Postverträge erleichterten durch niedrige Portosätze die Korrespondenz, und die allgemeine Volksschulbildung nebst der Anregung durch den Militärdienst in fremder Stadt verbreiteten mit größerer geistiger Regsamkeit so die Fähigkeit wie das Bedürfnis schriftlichen Verkehrs in Kreisen, welche den Verbrauch von Briefpapier bis dahin nicht gekannt hatten. Die technischen Fortschritte ermöglichten die Befriedigung erhöhter Ansprüche und neuer Bedürfnisse in der weitgehendsten Weise. Mit Hülfe sinnreicher Maschinen unternahmen Kaufleute, die das nötige Kapital besaßen, die Herstellung aller Arten von Luxuspapier und Papierwaren, von den Tüten und Ladenpapieren des Krämers, den Papierspitzenmanschetten des Gärtners und Konditors, dem Buntpapier für Buchbindereien, Karton- und Bonbonfabriken bis zu dem eleganten, in Form, Farbe und Verzierung reizvollen Briefpapier und den Tisch-, Tanz- und Gratulationskarten, Kalendern und Kotillonorden der oberen Zehntausend.

So entstanden bei fortschreitender Arbeitsteilung Satinieranstalten, Buntpapier- und Spitzenpapier-Fabriken, welche den Papierausstattungs- und Luxuspapier-Fabriken Material liefern[1].

Trotz der selbständigen Entwickelung der angeführten drei Gewerbezweige: Fabrikation von Kontobüchern, Luxuspapier und Kartonnage, verbindet sie der gemeinsame Ursprung mit der Buchbinderei zu einer Gruppe, welche als „Buchbinderei und verwandte Gewerbe" bezeichnet wird[2]. Die Erinnerung an den mütterlichen Boden tritt uns deutlich entgegen in der Bezeichnung „Buchbinderei" für diejenigen Arbeitssäle der Luxuspapierfabriken, in welchen zwar kein einziges Buch gebunden wird, aber Klebearbeiten (Karton, Kalender, Blocks kleben) verrichtet werden.

Wenn diese Industriegruppe, wie wir sahen, dem Eindringen des kaufmännisch geleiteten größeren, mit Maschinen arbeitenden Betriebs in einigen Zweigen eine ungeahnte Entfaltung verdankt, so sehen wir sie andererseits auch von allen Übelständen betroffen, welche der Fabrikbetrieb mit sich bringt. Der bedenklichste dieser Übelstände ist ohne Zweifel die Zerstörung des Familienlebens der Arbeiter infolge der Einführung und nachweislichen Zunahme der industriellen Frauenarbeit.

---

[1] Alle diese Anstalten fassen wir der Kürze wegen unter der Bezeichnung Luxuspapierfabriken zusammen.

[2] Von den beiden übrigen Zweigen dieser Gruppe, der Ledergalanteriewaren- und Albumfabrikation, ist in vorliegender Arbeit über die Lage der Arbeiterinnen in der Berliner Papierwaren-Industrie abgesehen, weil in dem ersten Zweige die Heimarbeit vorwiegt, der letztere in Berlin wenig vertreten ist.

Diese Zunahme läßt sich als Tendenz der modernen Betriebs=
weise erkennen. Sobald der Fabrikbetrieb das Handwerk, die
Maschine die gelernte zünftige Arbeit verdrängt, sinkt in vielen Ge=
werbszweigen die individuelle Leistung des Arbeiters zum Handgriff
herab, zu welchem nur geringe Vorbereitung nötig ist. Nicht die Güte
der gelernten Arbeit, sondern die Billigkeit der Hände wird in erster
Linie in Betracht gezogen, und da die bedürfnislosern Frauen auf
ein geringeres Lohnminimum als die Männer herabgedrückt werden
können, kauft der Unternehmer, behufs Verringerung der Herstellungs=
kosten, wo er kann die billige Frauenarbeit, und der männliche
Arbeiter muß den Platz räumen oder seine Lohnansprüche herab=
schrauben.

Dieser Vorgang läßt sich in der Papierwaren=Industrie deutlich
nachweisen; soweit die Maschine die gelernte Arbeit verdrängt hat,
überwiegt die Frauenarbeit bedeutend. Mit der Lage der weiblichen
Arbeiter in der Papierwaren=Industrie beschäftigen sich die folgenden
Seiten; sie enthalten das Ergebnis einer Untersuchung der Lebens=
bedingungen der Arbeiterinnen in 72 Betrieben jeder Größe der
Buchbinderei und verwandter Geschäftszweige; die Betriebe befinden
sich sämtlich in Berlin und verteilen sich auf die einzelnen Branchen
der Gruppe folgendermaßen:

   Buchbinderei (im Haupt= und Nebenbetriebe) . . 18 Betriebe,
   Kontobuchfabrikation . . . . 8 =
   Luxuspapier . . . . 18 =
   Kartonnage . . . . 28 =

mit zusammen 2725 weiblichen und 1200 männlichen Arbeitern.
Jede Arbeiterin erhielt im November 1894 einen Personalbogen mit
35 Fragen über Alter, Familienstand, Dauer ihrer Erwerbsthätigkeit
überhaupt, Dauer ihrer Thätigkeit a) im gegenwärtigen Berufe,
b) im gegenwärtigen Betriebe, Lohnhöhe, Lohnform, Einfluß der
flotten und flauen Zeit auf ihren Verdienst, Kündigungsfrist, Arbeits=
zeit und Überstunden, Wohnungs= und Mietsverhältnisse. Für jeden
Betrieb wurde daneben ein Sammelbogen ausgegeben mit 40 Fragen
nach den allgemeinen Arbeitsverhältnissen, sanitären und sittlichen
Zuständen des Betriebs, nach den Lohnunterschieden zwischen männ=
lichem und weiblichem Personal bei gleicher Beschäftigung und der
Ernährungsweise der Arbeiterinnen. Von den ausgefüllten Sammel=
bogen sind alle, von den zurückgesandten 2000 Personalbogen nur
822 als zuverlässig zur Verarbeitung ausgeschieden worden, eine
Zahl, welche zwar nur ein Siebentel der gesamten Arbeiterinnenzahl

der Berliner Papierwaren-Industrie bedeutet, dafür aber ein zuverlässiges Material bildet; denn ich konnte aus eigener Erfahrung und Anschauung heraus[1] die Angaben kontrollieren und durch zahlreiche Verbindungen in den betreffenden Arbeiterkreisen auch bei dem leisesten Zweifel an der Richtigkeit der Angaben Rückfrage halten.

Sowohl zur Vervollständigung des gesammelten Materials, als auch zu seiner vergleichsweisen Prüfung ist es durch einen statistischen Beitrag aus der Verwaltungsstelle der „Berliner Ortskrankenkasse der Buchbinder und verwandter Gewerbe" ergänzt worden. Dieser Beitrag umfaßt die Buchungen im Jahre 1894 über die Zahl der versicherten weiblichen Mitglieder in Bezug auf Alter, Familienstand, Zahl der Erkrankungen, Entbindungen. Wo dies wertvolle Material verwendet worden ist, ist es unter ausdrücklichem Hinweise auf die Quelle geschehen. Stimmt dasselbe mit dem Material, welches diesen Ausführungen zu Grunde liegt, überein, so ist die Glaubwürdigkeit dieses letzteren erhärtet.

Die Fabrikleiter selbst haben sich meinen Bemühungen gegenüber bis auf wenige Ausnahmen ablehnend verhalten; diesen rühmlichen Ausnahmen aber verdanke ich wertvolle Aufklärung.

Wenn der Vorwurf erhoben werden sollte, daß die ganze Information, auf welche meine Arbeit sich aufbaut, einseitig von der Arbeiterseite, nur zum kleinsten Teile von den Arbeitgebern stammt, so kann ich darauf antworten, daß dies nicht meine Schuld ist, daß ich gewissenhaft bemüht gewesen bin, die Wahrheit festzustellen, und keine unwahrscheinliche Angabe unbeanstandet gelassen habe. Im übrigen werden heute so oft nur die Arbeitgeber gehört, daß es nicht falsch erscheint, auch einmal einen Bericht überwiegend auf Arbeiteraussagen hin zu machen.

Was nun die berufliche Bildung und sociale Herkunft der Betriebsinhaber, das in den Betrieben investierte Kapital und seine Verzinsung anbetrifft, so würde eine nähere Erörterung dieser Punkte ebenso über den Rahmen der vorliegenden Studie, welche sich mit den Arbeiterinnen beschäftigt, hinausgehen, wie eine Untersuchung des lokalen, nationalen oder internationalen Absatzgebietes. Es sei nur bemerkt, daß ein verschwindender Prozentsatz der Betriebe durch Erbgang in den Besitz des gegenwärtigen Inhabers gekommen ist, die überwiegende Mehrzahl ist von den Besitzern selbst

---

[1] Ich habe einige Zeit als Arbeiterin in einer Kartonfabrik gearbeitet.

gegründet oder käuflich erworben worden. Diese selbst vertreten die verschiedensten Bildungsstufen, vom kaufmännisch geschulten, weltgewandten Inhaber oder Socius mit gymnasialer, auch wohl akademischer Bildung, gesellschaftlicher Stellung und Ehrenämtern — bis zum selbstgemachten Manne, der die Volksschule durchmachte, erst Arbeiter, dann Werkführer war, und dessen Bruder als Hausdiener im Geschäfte thätig ist. Wo etwa dem Chef des Hauses der kaufmännische Blick mangelt, wird das wohl von den Arbeitern des Betriebs selbst gerügt; eine Arbeiterversammlung, welche über die nächsten Schritte gegen eine schlecht zahlende Firma beriet, führte zur persönlichen Entlastung des Chefs aus, „daß man wohl wisse, er verdiene nichts, denn er kaufe den Rohstoff zu teuer, weil er nichts verstehe." Von einer anderen Werkstube wurde erzählt, daß der Raum nicht ausgenutzt werde, der Inhaber könne die Miete nicht berechnen.

Die Höhe des Kapitals, welches in den Betrieben investiert ist, ist ebenso verschieden, wie seine Verzinsung. Die allgemeine finanzielle Lage läßt sich dahin kennzeichnen, daß bis 1886 und 87 eine Verzinsung des Kapitals von 7—8% für ungenügend, eine solche von 10% für mittelgut unter den Fabrikanten galt. In dem letzten Jahrzehnt hat sich die Finanzlage aber ungünstig verändert, große Firmen haben wiederholt mit Verlust abgeschlossen, eine Verzinsung von 5% gilt für annehmbar; ein Grund hierfür dürfte in der Thatsache zu suchen sein, daß auf dem amerikanischen und italienischen Markte das einheimische Produkt die deutsche Ware mehr und mehr verdrängt. Der größte der untersuchten Betriebe (zugleich der größte Berlins) unterhält Zweiggeschäfte in England und Amerika und wird auf ungefähr 3 Millionen Mark geschätzt, welche im Laufe von ca. 40 Jahren in dem ursprünglich schwach finanziierten Geschäfte verdient worden sind. Der nächstgroße Betrieb zeigt mustergültige Fabrikgebäude, welche mit dem Maschineninventar ebenfalls einen Millionenwert darstellen. Eine andere Fabrik wurde vor ca. 30 Jahren mit geringen Mitteln von einem Agenten einer Papierfabrik gegründet und mit solchem Erfolge geleitet, daß aus dem unbemittelten Agenten ein reicher Fabrikbesitzer und Villeninhaber geworden ist.

Neben diesen glänzenden Erfolgen stehen bescheidenere. Ein Betrieb, welcher 1883 mit erborgten 4000 Mark gegründet wurde, verbraucht und bezahlt jetzt monatlich in der flotten Zeit für 6000

Mark Rohstoff; eine kleine 1883 ohne Anzahlung für 20000 Mark gekaufte Fabrik ist jetzt schuldenfreier Besitz. Ein eben mündig gewordener Fabrikant, noch vor drei Jahren Arbeiter, nimmt nach drei Jahren selbständiger Arbeit so viel ein, daß er sich Equipage halten kann; ein mitteloser Unternehmer hat in 13 Jahren sein Geschäft so einträglich gestaltet, daß er zwei Geschäftsgespanne und für seinen persönlichen Gebrauch ein Luxuspferd hält.

Es sind aber auch Mißerfolge zu verzeichnen. Einer der 72 untersuchten Betriebe, welcher seit Jahren unter dem zunehmenden Mangel an genügenden Bestellungen für den englischen Markt litt, ist eingegangen; eine andere Firma arbeitet notorisch ohne Nutzen; eine dritte wird häufig wegen schleppender Zahlung verklagt. Die im X. Abschnitt erwähnte Firma hat infolge der Sperre, welche der Fachverein der Buchbinder und verw. Gewerbe über sie verhängte, bankerott gemacht, aber nicht, wie man glauben sollte, aus Mangel an Arbeiterinnen, sondern aus Mangel an Bestellungen. Der Fachverein hat gesiegt, aber nicht durch Gewalt (direkte Entziehung der Arbeitskräfte), sondern durch den moralischen Druck, welchen sein Vorgehen auf die Kundschaft des gesperrten Betriebes ausübte. Diese Thatsache sei denen gegenüber besonders betont, welche geneigt sind, den Fachvereinen die sittlichtragende und reinigende Wirkung und damit die **sittliche Berechtigung** abzusprechen.

II.

Zahlenverhältnis der Geschlechter in den Betrieben mit — ohne Anwendung motorischer Kraft. Verteilung der Jugendlichen.

Tabelle 1—2.

In den 72 Betrieben der Berliner Papierwaren-Industrie, von denen im folgenden die Rede ist, kommen auf 30,51 % männliche 69,49 % weibliche Arbeiter: 100 männlichen stehen 227 weibliche gegenüber. Teilen wir diese Betriebe in solche mit und solche **ohne** Kraftmaschine und betrachten unter diesem Gesichtspunkte das Zahlenverhältnis der Geschlechter, so sehen wir, daß in 34 Betrieben mit Kraft auf 877 männliche 2099 weibliche, in 38 Betrieben **ohne** Kraft auf 523 männliche 626 weibliche Arbeiter kommen, mit andern Worten, in den Betrieben mit Kraftmaschine haben wir 29,47 % männliche und 70,53 % weibliche Arbeiter, das numerische Verhältnis ist 100:250, in den Betrieben **ohne** Kraft finden wir 45,52% männliche und 54,48% weibliche Arbeiter, die Zahl der ersteren verhält sich zu den letzteren wie 100:120, wodurch zahlenmäßig bewiesen wird, wie der Kraftbetrieb dahin neigt, Männerarbeit durch Frauenhände und gelernte durch ungelernte zu ersetzen.

Zu einer Untersuchung, in welchem Verhältnisse die steigende Größe der einzelnen Kraftbetriebe die Frauenarbeit beeinflußt, erscheint die beschränkte Zahl von 34 Fabriken kaum geeignet: eine Aufstellung der untersuchten Betriebe nach der Zahl der Arbeitnehmer mit Unterscheidung der letzteren nach dem Geschlecht möge hier folgen.

Tab. 1.

Betriebe mit 6—10 Arbeitnehmern						Betriebe mit 11—20 Arbeitnehmern					
mit			ohne			mit			ohne		
Kraft						Kraft					
Zahl	m.	w.	Zahl	m.	w.	Zahl	m.	w.	Zahl	m.	w.
3	7	17	8	25	48	5	47	43	9	39	93

Betriebe mit 21—30 Arbeitnehmern						Betriebe mit 31—50 Arbeitnehmern					
mit			ohne			mit			ohne		
Kraft						Kraft					
Zahl	m.	w.	Zahl	m.	w.	Zahl	m.	w.	Zahl	m.	w.
2	32	12	11	85	204	7	118	175	8	104	192

Betriebe mit 51—100 Arbeitnehmern						Betriebe mit 101—150 Arbeitnehmern					
mit			ohne			mit			ohne		
Kraft						Kraft					
Zahl	m.	w.	Zahl	m.	w.	Zahl	m.	w.	Zahl	m.	w.
9	199	503	2	70	89	2	41	224	—	—	—

Tab. 1 (Fortsetzung).

Betriebe mit 151—200 Arbeitnehmern							Betriebe mit 201—300 Arbeitnehmern					
mit			ohne			mit			ohne		
Kraft						Kraft					
Zahl	m.	w.	Zahl	m.	w.	Zahl	m.	w.	Zahl	m.	w.
1	30	140	—	—	—	3	153	510	—	—	—

Betriebe mit 301—400 Arbeitnehmern							Betriebe mit 401—500 Arbeitnehmern					
mit			ohne			mit			ohne		
Kraft						Kraft					
Zahl	m.	w.	Zahl	m.	w.	Zahl	m.	w.	Zahl	m.	w.
1	190	130	—	—	—	1	60	345	—	—	—

Thunlich erscheint es dagegen, die an der Zählung beteiligten Betriebe nach den vier Branchen der Papierwaren-Industrie zu ordnen und die einzelnen Branchen auf die Rückwirkung des Kraftbetriebes auf die Frauenarbeit vergleichend zu untersuchen.

Tab. 2.

Art der Betriebe	Gesamtzahl der Betriebe						
	mit Anwendung motorischer Kraft			ohne			
	Zahl der Betriebe	Arbeiterpersonal		darunter weibl. Jugendl.	Zahl der Betriebe	Arbeiterpersonal		darunter weibl. Jugendl.
		m.	w.			m.	w.	
Buchbinderei	10	115	129	5	8	108	107	2
Kontobücher	6	152	174	1	2	13	8	—
Luxuspapier	14	532	1488	95	4	81	71	18
Kartonnage	4	78	308	81	24	121	440	55
Überhaupt . . .	34	877	2099	182	38	323	626	75

Bei dieser Untersuchung ergiebt sich, daß in der Buchbinderei auch bei Kraftbetrieb die weibliche Arbeiterschaft die männliche noch nicht verdrängt hat, sondern nur um einen geringen Prozentsatz überwiegt, in 10 Betrieben kommen auf 115 männliche 129 weibliche Arbeiter, in den Betrieben ohne Kraft aber zurücksteht: in 8 Betrieben kommen auf 108 Männer 107 Frauen.

Die gleiche Thatsache bemerken wir in der Kontobuchfabrikation.

In 6 Betrieben mit Kraft stehen 152 männliche 174 weiblichen Arbeitern gegenüber; in 2 Betrieben ohne Kraft sind nur 8 Frauen und 13 Männer beschäftigt. Wir schließen daraus, daß in diesen beiden Branchen, Buchbinderei und Kontobuchfabrikation, noch handwerksmäßig gelernte Arbeit verlangt wird, welche von der Maschine noch nicht übernommen worden ist, und daß diese gelernte Arbeit nach wie vor von Männern geleistet wird. Es giebt thatsächlich Buchbindereien in Berlin, welche grundsätzlich keine Frauen beschäftigen.

Der weibliche Lehrling macht keine Lehrzeit im zünftigen Sinne durch; eine beschränkte Zahl von Handgriffen wird in einigen Tagen einer Vorarbeiterin abgelernt, ein bis zwei Wochen geübt, dann hat die Jugendliche ausgelernt und arbeitet selbständig. Daß die Lehrmädchen nicht, wie männliche Lehrlinge, handwerksmäßig lernen, sondern nur Maschinen bedienen oder auf Teilarbeit eingeübt werden, erklärt auch die Verteilung der weiblichen Jugendlichen auf die Betriebe mit und ohne Kraft. In den 10 Kraftbetrieben der Buchbinderei kommt auf 20, in den 8 Werkstuben ohne motorische Kraft (wo die gelernte Arbeit überwiegt) erst auf 50 erwachsene Arbeiterinnen eine Jugendliche.

In 6 Betrieben der Kontobuchbranche mit Kraft ist eine Jugendliche aufgeführt, in 2 Betrieben ohne Kraft keine.

Anders gestaltet sich das Bild in der Luxuspapier-Fabrikation. In 14 Betrieben mit Kraft kommen auf 532 männliche 1488 weibliche Arbeiter, auf 16 Arbeiterinnen kommt eine Jugendliche. In 4 Betrieben ohne Kraft stehen 81 männliche 71 weiblichen gegenüber, von diesen 71 sind aber 18 „Jugendliche", sodaß **hier schon auf 4 weibliche eine Jugendliche kommt**, ein Beweis, daß die kleinen Betriebe mit lokalem Absatz sich durch Anwendung billiger Arbeitskraft konkurrenzfähig zu erhalten suchen.

Das Hauptfeld für die weibliche Arbeitskraft ist aber die Kartonbranche. Hier ist das Angebot so groß, der Lohn infolgedessen so niedrig, daß bis jetzt nur wenige Unternehmer mechanische Kraft anwenden. 28 ausgefüllte Sammelbogen berichten von nur 4 Kraftbetrieben, aber 24 Handbetrieben, darunter 6 mit 10—20 und weitere 6 mit weniger als 10 Arbeitnehmern und rein lokalem Absatz. Eine vermehrte Anwendung mechanischer Kraft wird wahrscheinlich nicht eintreten, so lange die Frauenarbeit so billig bleibt, daß die Einstellung der Maschinen nicht rentiert. In den 4 Kraftbetrieben verhält sich die Zahl der männlichen zu der Zahl der weiblichen Arbeiter wie 1:4. Auf annähernd 4 Arbeiterinnen kommt eine Jugendliche.

Im Gegensatze zu den anderen drei Branchen überwiegt hier aber selbst in den Handbetrieben die Frauenarbeit bedeutend; auf 121 männliche Arbeiter kommen in 24 Betrieben 440 weibliche Arbeiter, sodaß in dieser Branche auch in den Betrieben ohne mechanische Kraft fast 4 Frauen 1 männlichen Arbeiter gegenüberstehen. Auf 8 Arbeiterinnen entfällt eine Jugendliche.

Die männlichen Personen sind fast ausschließlich Werkführer, Zuschneider der Kartons, Ritzer[1]; sie stehen an den Zuschneide-, Heft-, Ritz-Maschinen und teilen die Arbeiten zum Fertigstellen den weiblichen Händen aus.

Das starke Angebot billiger Hände erklärt sich aus der Art dieser Handarbeit. Dieselbe erfordert in den Betrieben, welche massenhaft produzieren, nur mechanische Handfertigkeit, in welcher die Frauen den Männern überlegen sind. Die Hauptbedingungen der Massenproduktion sind für den Unternehmer Schnelligkeit, Billigkeit, gefälliges Äußere der Kartons, denn erstens ist die Lieferungsfrist meist kurz (der Kunde bestellt in den Geschäften mit lokalem Absatz häufig telephonisch und giebt gleich an, wann er die Waren haben muß); zweitens muß die Ware billig sein, denn in den Ladengeschäften gehört der Karton zur Verpackung, welche zu den allgemeinen Geschäftsunkosten geschlagen wird und mit welcher nicht geknausert werden darf; die Käuferin nimmt es als selbstverständlich hin, daß sie die gekauften Kleinigkeiten in einem niedlichen Karton nach Hause trägt, welcher nicht besonders berechnet wird. Das gefällige Äußere des Kartons endlich soll dem Auge schmeicheln und den Wareninhalt heben, wie der Rahmen das Bild. Aus der Billigkeit der Ware ergiebt sich, daß „die Masse es bringen muß", und daß daher Schnelligkeit das Haupterfordernis für die Arbeiterin ist.

---

[1] Sie lassen von der Ritzmaschine auf den zugeschnittenen Kartonstücken die Ritzen ziehen, nach welchen die Arbeiterinnen den Karton „umbrechen".

Die Arbeit wird allgemein im Accord gemacht, und da die Sätze niedrig sind, muß die Arbeit intensiv sein, wenn der notdürftige Lebensunterhalt verdient werden soll.

In einigen Betrieben wird die Schnelligkeit auf Kosten der Ausführung so weit getrieben, daß die hergestellte Ware von dem Personal selbst als Schund (Patz), der Betrieb selbst mit „Patzbude" bezeichnet wird. Die Arbeiterin, welche als Lehrmädchen in einer solchen Patzbude gelernt hat und auf Schundware eingeübt ist, ist für diejenigen Fabriken verdorben, in welchen sorgfältig gearbeitet wird, wie dies z. B. in den Kartonstationen der großen Papierausstattungs-Fabriken der Fall ist, wo die eleganten Hüllen für das feine Briefpapier hergestellt werden und jedes Stück sorgfältig ausgeführt und abgenommen wird. Und diejenige Arbeiterin wiederum, welche auf Einzelproduktion eingeschult worden ist, findet sich nicht leicht in das Tempo der Massenproduktion und noch weniger in das Scheinwerk der Patzbuden, sodaß beide bei einem Stellenwechsel auch noch innerhalb der Branche auf ein begrenztes Arbeitsgebiet angewiesen sind.

Ein anderer Umstand, welcher die gleiche Wirkung hat, ist die weitgehende Specialisierung der Arbeit. In zahlreichen Kleinbetrieben werden häufig nur 2—3 Muster gemacht; so giebt es Werkstuben, welche sich auf die Massenproduktion von Wäschekasten oder Postversandkasten aus Lederpappe beschränken. Diese Specialisierung der Arbeit, durch welche die Lehrmädchen schnell in Übung und Verdienst kommen, wird im Beginn der Erwerbsthätigkeit als ein Vorzug empfunden und lockt Lehrmädchen an, hat in Wirklichkeit aber denselben Nachteil, wie die Einschulung auf einen bestimmten Grad von Güte der Arbeit, nämlich die Beschränkung des Arbeitsfeldes. Diese Beschränkung erhöht die wirtschaftliche Schwäche dem Arbeitgeber gegenüber und ermöglicht es dem Unternehmer, unter Arbeitsbedingungen zu produzieren, welche bei widerstandsfähigerem Personal nicht aufrecht zu erhalten wären.

III.
Altersaufbau. Alter und Familienstand.
Tabelle 3—5.

Werfen wir zunächst einen Blick auf den Altersaufbau der Arbeiterinnen. Nur 2 von 822 haben bei genauer Beantwortung ber übrigen Fragen ihr Alter verschwiegen. Die bleibenden 820 Arbeiterinnen sind in 7 Altersstufen gruppiert, auf welche sie sich folgendermaßen verteilen:

Tab. 3.

Alter	Zahl der Arbeiterinnen	
bis 16	27	3,3 %
16—18	106	12,93 %
18—21	240	29,27 %
21—24	167	20,37 %
24—30	183	22,32 %
30—40	80	9,76 %
über 40	17	2,07 %
Summe	820	

Folgendes Diagramm veranschaulicht den Altersaufbau.

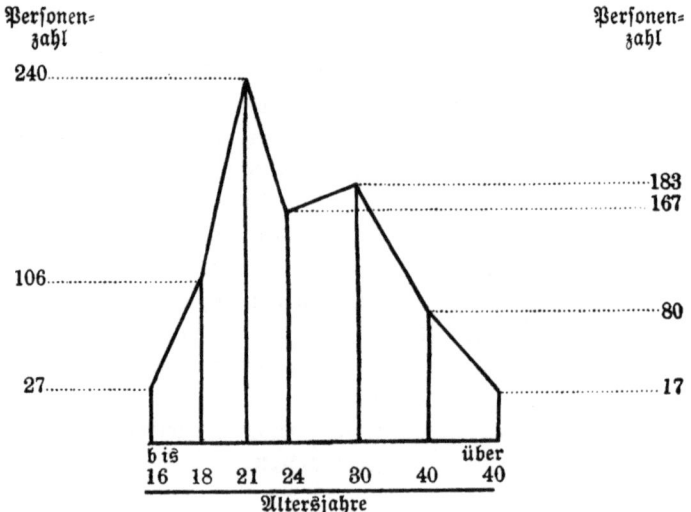

Bis zum 21. Jahre zeigt jede Altersstufe eine bedeutende Zunahme. Nach dem 21. Jahre sinkt die Zahl plötzlich bedeutend, eine Erscheinung, welche jedenfalls durch Austritt infolge von Verheiratung zu erklären ist.

Die nächste Altersstufe, 24—30, umfaßt 3 Altersjahre mehr als die früheren Stufen; anstatt aber eine diesem verlängerten Zeitabschnitt entsprechende weitere Abnahme des Bestandes zu finden, sehen wir eine beträchtliche Zunahme in dieser Stufe. Wir gehen schwerlich fehl, wenn wir diese Erscheinung wiederum in ursächlichen Zusammenhang mit den häuslichen Familienverhältnissen der Beteiligten setzen. Die Familie hat sich vergrößert, die Einnahme des Mannes genügt nicht zum Unterhalt der Familie, so muß die Ehefrau, gerade wenn sie als Familienmutter daheim am nötigsten ist, die Fabrikarbeit wieder aufnehmen und mit verdienen. Auch zufällige Ursachen, wie vorübergehende Arbeitslosigkeit oder auswärtige Beschäftigung des Mannes, Schicksalsschläge, wie Erkrankung oder Tod des Gatten oder Scheidung von ihm, können mitwirken. Eine eheverlassene, mir bekannte Heimarbeiterin kehrte in die Fabrik zurück, eingestandenermaßen weil sie „das Alleinsein nicht aushalten konnte".

Die nächste Altersstufe bis 40 Jahre zeigt wieder eine beträchtliche Abnahme der Arbeiterinnenzahl. Alle die verheirateten Frauen und Mütter, deren Kinder mittlerweile aus der Schule entlassen worden sind und selbst verdienen, werden die wirtschaftliche Thätigkeit im Hause und daneben leichte industrielle Heimarbeit vorziehen, wenn der Verdienst des Gatten wieder ausreicht oder durch Zuschuß der erwerbsfähigen Kinder[1] vermehrt wird. Die Zahl der Witwen hingegen, welche sich selbst erhalten müssen, wird steigen.

Die letzte Altersstufe über 40 Jahre ist wenig zahlreich vertreten. Die Kräfte haben abgenommen, nur die bitterste Armut oder die Verpflichtung, Angehörige zu unterstützen, wird Frauen dieser Altersstufe noch in der Fabrik festhalten, weil sie dort mehr verdienen, als zu Hause als Heimarbeiterin.

Hier wird man fragen, ob nicht Zahl und Auswahl dieser 822 Arbeiterinnen, welche einen Bruchteil des weiblichen Personals von 72 Betrieben jeder Größe darstellen, doch zu sehr der Zufälligkeit unterlegen ist, als daß ihr Altersaufbau für typisch gelten könnte? Jedenfalls ist es rätlich, denselben an dem Material der Stammrollen der Berliner Ortskrankenkasse der Buchbinder 2c. zu prüfen. Geben diese Stammrollen ein abweichendes Bild, so ist die Zufälligkeit und damit die Wertlosigkeit dieses Altersaufbaues bewiesen; stimmen dagegen die Angaben in großen Zügen überein, so darf der aufgestellte Altersaufbau für typisch gelten.

---

[1] Siehe Tabelle 22.

Tab. 4.

Altersaufbau nach dem Material der Orts=
krankenkasse der Buchbinder und ver=
wandter Gewerbe

Alter	Zahl der Arbeiterinnen
bis 16	689 = 11,53 %
16—18	1048 = 17,53 %
18—21	1412 = 23,62 %
21—24	905 = 15,14 %
24—30	1009 = 16,88 %
30—40	565 = 9,45 %
40—50	322 = 5,39 %
50—60	21 = 0,35 %
über 60	6 = 0,1 %
	5977

Wir sehen, daß sich in überraschender Übereinstimmung dasselbe Bild ergiebt: Bis zum 21. Jahre steigt der Anteil jeder Altersstufe; dann sinkt die Zahl plötzlich bedeutend, steigt noch einmal bis zum 30. Jahre und sinkt dann ohne weitere Unterbrechung.

Die Richtigkeit der angeführten Gründe für die Schwankungen der Beteiligung in den verschiedenen Altersstufen werden wir des weiteren an der Hand der Tabelle 5 prüfen können, welche mit den Altersstufen den Familienstand verbindet.

Tab. 5.

Altersstufen	Familienstand				Zahl der Arbeiterinnen
	ledig	verheiratet	verwitwet	geschieden	
Jahr					
bis 16	27	—	—	—	27
16—18	106	—	—	—	106
18—21	232	6	2	—	240
21—24	146	19	2	—	167
24—30	103	69	7	4	183
30—40	33	32	14	1	80
über 40		6	9	2	17

Summe 820

Die beiden ersten Altersstufen zählen nur Ledige, in der 3. Altersklasse 18—21 finden wir die ersten verheirateten und ver=

witweten Frauen: neben 232 Ledigen 6 Ehefrauen und 2 Witwen. In der nächsten Klasse, 21—24 Jahre, fällt die Zahl auf 146 Ledige, 19 Ehefrauen und 2 Witwen. In der folgenden Stufe bemerkten wir die unerwartete Steigung der Scheitellinie des Diagramms, die wir durch Rückkehr verheirateter Frauen in die Fabrik erklärten, und richtig, während die Zahl der Ledigen, wie in der vorigen Klasse, fällt, steigt die Zahl der Verheirateten von 19 auf 69 und bestätigt die Vermutung, daß ein gewisser Prozentsatz der Ehefrauen als Mütter gezwungen ist, die Fabrikarbeit wieder aufzunehmen, während in der kinderlosen Zeit der Ehe der Mann allein für die Bedürfnisse der Familie aufkommen konnte.

In der 6. Altersklasse (von 30—40 Jahr) nimmt die Zahl der verheirateten Arbeiterinnen wieder ab, die der Witwen aber steigt von 7 auf 14; in der letzten Klasse endlich finden wir keine einzige Ledige, aber 6 verheiratete, 9 verwitwete und 2 geschiedene Frauen.

IV.
Lohnverhältnisse.
Tabelle 6—10.

Um die Lohnverhältnisse einigermaßen übersichtlich zu ordnen, sind sechs Klassen angenommen mit einer wöchentlichen Minimaleinnahme von 5 Mark und einer Maximaleinnahme von 22 Mark. Die Lohnangabe bezieht sich aber nur auf die flotte Geschäftszeit. Zu Beginn der stillen Zeit kommt es häufig vor, daß Arbeiterinnen entlassen werden. Wo diese Erwerb bis zur nächsten Saison finden, erhellt aus der Beantwortung der betreffenden Fragen nicht. In vereinzelten Fällen heißt es: „Ich war in Stellung" — aber welcher Art die Stellung war, ob das junge Mädchen als Dienstbote, Ladnerin, Kellnerin diente, ist nicht angegeben. Die Annahme, das junge Mädchen könne genug gespart haben, um davon bis zur Wiederaufnahme der Arbeit zu leben, ist unhaltbar, die sorgenvolle Frage drängt sich demnach auf, was aus den entlassenen Arbeiterinnen, welche nicht anderweitig ankommen, wird, und welcher Prozentsatz der Prostitution zum Opfer fallen dürfte. Diese Unsicherheit des Erwerbs erscheint nicht nur als ein bedenkliches Übel unter anderen in dem Leben der jungen industriellen Arbeiterin, sondern als der wirksamste Anstoß zu wirtschaftlichem und sittlichem Verfall. Auch mit einer minimalen aber sicheren Einnahme würde sich die solide Arbeiterin einrichten lernen, die Unsicherheit des Erwerbs muß aber vielfach zu einer Stimmung führen, die den Augenblick auskostet, unbekümmert um die ungewisse Zukunft.

Zehn von den ausgewählten 822 Bogen enthalten — bei gründlicher Beantwortung aller übrigen Fragen — keine Lohnangabe, es bleiben die Angaben von 812 Arbeiterinnen, welche sich folgendermaßen auf die 6 Lohnklassen verteilen.

Tab. 6.

Lohnklassen in der flotten Zeit	Gesamtzahl der Arbeiterinnen	
Unter 5 Mark	1	—
5— 7 =	29	= 3,61 %
6—10 =	172	= 21,20 %
9—12 =	300	= 36,99 %
12—16 =	250	= 30,82 %
16—20 =	59	= 7,27 %
20—22 =	1	= 0,12 %
	812	

Ordnen wir die Zugehörigen zu den einzelnen Lohnklassen in Verbindung mit Alter und Familienstand, so ergiebt sich die umstehende siebente Tabelle:

(Siehe die Tabelle 7 auf der nächsten Seite.)

In der niedrigsten Lohnklasse[1] finden wir 11 Jugendliche (bis 16 Jahr), 13 weibliche Personen von 16—18 Jahren, 2 von 18 bis 21 Jahren, 1 von 24 Jahren und 2 Frauen von 24—30 Jahren, davon eine verheiratete, eine ledig. Diese Thatsache, daß ältere Arbeiterinnen und nicht nur jugendliche einen Wochenverdienst von 5—7 Mark haben, sind wir versucht, damit zu erklären, daß diese älteren Personen wahrscheinlich spät erwerbsfähig geworden sind oder erst spät gerade diesen Beruf ergriffen haben und deshalb an Leistungsfähigkeit zurückstehen. Diese Deutung kommt aber zu Falle, wenn wir einen Blick auf die nächste Tabelle werfen, welche die Lohnklassen mit der Dauer der Erwerbsthätigkeit überhaupt und der Zugehörigkeit zu dem gegenwärtigen Berufe verbindet.

Wir sehen, daß von den Beteiligten in der untersten Lohnklasse 18 schon über 1 Jahr, 2 über 5 Jahr, eine seit 10 und eine sogar seit 15 Jahren erwerbsthätig sind.

---

[1] Unter 5 Mark verdiente eine vierzehnjährige Jugendliche.

Tab. 7.

Lohn-klassen in der flotten Zeit Mark	bis 16 ledig	16—18			18—21			21—24			24—30				30—40				über 40				Gesamt-zahl
		leb.	vrh.	vrw.	leb.	vrh.	vrw.	leb.	vrh.	vrw.	leb.	vrh.	vrw.	gsch.	leb.	vrh.	vrw.	gsch.	leb.	vrh.	vrw.	gsch.	
unter 5	1	—	—	—	—	—	—	—	—	—	—	—	—	—	—	—	—	—	—	—	—	—	1
5—7	11	13	—	—	2	—	—	—	1	—	1	1	—	—	—	—	—	—	—	—	—	—	29
6—10	13	45	—	—	65	—	—	18	2	2	12	8	1	—	1	2	1	—	—	1	2	—	172
9—12	2	41	—	—	105	5	—	60	7	—	28	23	2	2	6	11	4	—	—	2	2	—	300
12—16	1	6	—	—	47	1	2	56	8	—	50	27	2	2	20	13	8	1	—	1	3	2	250
16—21	—	1	—	—	5	—	—	11	1	—	11	10	2	—	6	6	2	—	—	2	2	—	59
20—22	—	—	—	—	—	—	—	—	—	—	1	—	—	—	—	—	—	—	—	—	—	—	1

Summa 812

Tab. 8.

Lohnklassen in der flotten Zeit Mark	Erwerbsthätig seit					Im Berufe thätig seit					Arbeiterinnen
	bis 1 Jahr	1—5	5—10	10—15	über 15	1 Jahr	1—5	5—10	10—15	über 15	
unter 5	—	—	1	—	—	—	—	—	—	—	1
5—7	7	18	2	1	1	11	14	3	9	5	
6—10	11	99	41	16	5	30	97	31	31	19	
9—12	7	111	115	46	21	21	133	96	52	29	
12—16	—	40	98	64	48	8	67	94	17	17	
16—21	—	6	15	20	18	1	10	14	—	—	
20—22	—	—	—	1	—	—	—	—	—	—	
Summa	25	274	272	148	93	72	321	238	110	71	

Auch die Zugehörigkeit zum Berufe beeinflußt die Lohnhöhe nicht unbedingt. Wenn die Arbeiterin ihre Gewandtheit aufs höchste entwickelt hat, so kann sie nicht weiter kommen. Die Falzerin, welche mit voller Nervenanspannung 1000 Bogen in einer bestimmten Zeit falzt, kann diese Leistung nicht mehr übertreffen, sie hat die trostlose Aussicht, niemals mehr als den augenblicklichen Verdienst, bei dem geringsten Nachlassen der Nervenkraft aber weniger zu verdienen. Über ein Jahr sind 14 Arbeiterinnen im Berufe thätig, ohne aus der untersten Lohnklasse herausgekommen zu sein, ja 6 von ihnen sind über ein Jahr in demselben Betriebe thätig, ohne es auf mehr als 7 Mark Wochenverdienst zu bringen. Bei der einen, auf der Tabelle angeführten Arbeiterin, welche über 15 Jahre in demselben Betriebe ist und doch nur 7 Mark verdient, liegt körperliches Unvermögen zu Grunde.

Einen erfreulichen Gegensatz bildet die Thatsache, daß in der nächsten Lohnklasse, 6—10 Mark, dreizehn Jugendliche verzeichnet sind; mit ihnen rangieren allerdings auch Arbeiterinnen jedes Alters, sogar drei Frauen über 40 Jahre, darunter eine verheiratete und zwei verwitwete.

In der dritten Lohnklasse, 9—12 Mark, sind ebenfalls alle Altersstufen vertreten, sowohl zwei Jugendliche, wie drei Personen über 40 Jahre. Diese Lohnklasse ist die numerisch größte, sie umfaßt die gute Durchschnittsleistung.

Die nächste Stufe, 12—16 Mark, läßt schon auf erhöhte Leistungsfähigkeit oder besonders günstige Arbeitsbedingungen schließen; die Beteiligung hat sich bereits um 16 Prozent verringert.

Die fünfte Lohnklasse mit 16—21 Mark zeigt eine merkliche Abnahme der Beteiligung. Eine Jugendliche ist nicht dabei, alle anderen Altersklassen sind schwach vertreten, das höchste Kontingent mit 23 Arbeiterinnen stellen die 24—30jährigen. Um diesen Wochenverdienst zu erreichen, muß die Arbeiterin schon Specialistin sein, oder zu ihrer Unterstützung Lehrmädchen ausnützen, welche unter ihrer Anleitung lernen.

Die letzte Lohnklasse endlich, 20—22 Mark, zählt eine (ledige) Arbeiterin, welche der Altersklasse der 24—30jährigen angehört, seit 10—15 Jahren erwerbsthätig ist und seit 5—10 Jahren in demselben Betriebe thätig ist, im vorliegenden Falle eine tüchtige Specialistin, welche auf ein besonderes Muster eingeübt ist. Den gleichen Verdienst erreichen mehrere besonders kräftige Frauen, indem sie aus der Fabrik Arbeit mit nach Hause nehmen und mehrere Nächte in der Woche durcharbeiten, diesen Verdienst als Heimarbeiterin aber nicht mit angegeben, sondern nur den Fabriklohn genannt haben, folglich nach dem in der Fabrik verdienten Lohn gruppiert worden sind.

Dieser hohe Lohn wurde im Stücklohn erzielt, weder im Zeitlohn, noch bei gemischtem Lohn erreichte eine andere Arbeiterin diese Einnahme.

Vergleichen wir an der Hand der nächsten Tabelle die Beteiligung an den sechs Lohnstufen mit Rücksicht auf die verschiedenen Lohnformen.

Tab. 9.

Lohnklassen in der flotten Zeit	unter 5 Mark	5—7 Mark	6—10 Mark	9—12 Mark	12—16 Mark	16—21 Mark	20—22 Mark	Gesamtzahl der Arbeiterinnen
Accord . . .	—	8	69	158	148	40	1	424
Zeitlohn . .	1	20	90	109	62	11	—	293
Gemischter Lohn . . .	—	1	13	33	40	8	—	95
								812

Wir sehen, daß die überwiegende Zahl der Arbeiterinnen in den beiden untersten Lohnklassen Zeitlöhnerinnen sind. Mit der dritten Klasse schlägt das Verhältnis um; die Stücklöhnerinnen überwiegen um ein Drittel, ein Umstand, der folgendermaßen zu erklären sein dürfte. Die Jugendlichen werden, nachdem sie angelernt sind, mit einem Wochenlohn von 3—5 Mark als Zeitlöhnerinnen angestellt. Im Laufe von 1—3 Jahren kommen sie auf den Wochenverdienst von 5—7 Mark. Im Durchschnitt erreicht im Laufe der ersten 5 Jahre die Zeitlöhnerin die zweite Lohnklasse und damit eine Einnahme bis 10 Mark. Von 293 an der Untersuchung beteiligten Zeitlöhnerinnen beziehen gegenwärtig 90 diesen Lohn. An diese Einnahme knüpft sich nicht, wie wir schon sahen, die **bestimmte Aussicht auf Erhöhung**. Diese Erwägung wird viele Arbeiterinnen veranlassen, zum Stücklohn überzugehen, weil sie in dieser Lohnform die Möglichkeit sehen, mehr zu verdienen.

Die Mehrzahl der Zeitlöhnerinnen, welche bei dieser Lohnform bleiben, bringen es je nach ihrer Anstelligkeit früher oder später auf 12 Mark — die Tabelle weist deren 109 nach — und erreichen damit den Satz, welcher sowohl im Stücklohn, wie im Zeitlohn am häufigsten gezahlt wird.

Über diesen Lohnsatz hinaus, bis 16 Mark, bringen es im Zeitlohn von den 822 Arbeiterinnen nur 62, im Stücklohn dagegen 148, in beiden Lohnsystemen aber verlangt dieser Verdienst tüchtige, kräftige, eingeübte Arbeiterinnen.

Über 16 Mark erhalten nur 8 Zeitlöhnerinnen, besonders geschickte Specialistinnen, welche man gern lange in den Betrieben fest hält. Im Accord dagegen finden wir fünfmal soviel Personen mit dieser Einnahme.

Am günstigsten erscheint die Lage der Arbeiterinnen, welche Gelegenheit haben, in gemischtem Lohne (Zeit- und Stücklohn abwechselnd) zu arbeiten. Während in den beiden andern Lohnsystemen die dritte Lohnklasse (9—12 Mark) die größte Beteiligung aufweist, in der folgenden Lohnklasse (bis 16 Mark) die Zahl der Beteiligten in beiden Lohnformen abnimmt, zeigt bei gemischtem Lohn diese höhere Stufe einen Zuwachs; zwei Fünftel aller in gemischtem Lohn Arbeitenden verdienen über 12 Mark. Diese interessante Thatsache dürfte sich aus verschiedenen Umständen erklären. Vermutlich werden zu den Arbeiten, welche im Zeitlohn gefertigt werden sollen, aus den Accordarbeiterinnen Specialistinnen ausgewählt, welche sich durch Geschicklichkeit auszeichnen, so daß die Arbeiterinnen in gemischtem Lohn eine Auslese darstellen; möglicherweise bedeutet der Übergang zu der Arbeit im Zeitlohn auch eine relative Verminderung der Anspannung aller Kräfte, wie das Accordsystem sie erzeugt, und erhält infolge dessen durch den wohlthuenden Wechsel frischer, d. h. so viel wie erwerbsfähiger.

Vergleichen wir in Hinsicht auf die Lohnformen die einzelnen Branchen untereinander, so finden wir in der Buchbinderei zwei Drittel der Arbeiterinnen im Stücklohn, ein Drittel im Zeitlohn beschäftigt. In dem Kontobuchzweige ist das Verhältnis gerade umgekehrt: zwei Drittel stehen im gewissen Gelde, ein Drittel arbeitet im Stücklohn. In der Luxuspapierfabrikation steht die Mehrzahl der Arbeiterinnen im Zeitlohn, nur ein Drittel im Accord, wie in der Kontobuchbranche; während in dieser letzteren aber die Arbeiterinnen überwiegend der dritten Lohnklasse angehören und 9—12 Mark verdienen, gehört die Hälfte der Zeitlöhnerinnen in der Luxuspapierbranche den unteren Lohnklassen an und verdient 5—10 Mark, entsprechend der Thatsache, daß dieser Geschäftszweig die meisten Jugendlichen beschäftigt. In der Kartonnage überwiegt das Stücklohnsystem durchaus, neben 263 Stücklöhnerinnen stehen nur 30 im Zeitlohn.

Es erübrigt noch die Frage aufzuwerfen, ob die Lohnform einen Einfluß auf die Dauer des Arbeitsvertrages übt. Die folgende Aufstellung giebt Auskunft darüber.

Tab. 10.

Lohn= formen	Gesamt= zahl der Arbeite= rinnen	Im Betriebe thätig seit						
		bis ¼ Jahr	¼—½	½—1	1—2	2—5	5—10	10—15	über 15
Accord	429	67	52	54	68	100	56	23	9
Zeitlohn	296	40	33	48	59	79	29	6	2
Gemischter Lohn	97	14	12	13	15	35	7	—	1
Summe	822								

Die Tabelle zeigt uns, daß die größte Zahl der Arbeiterinnen in allen Lohnformen 2—5 Jahre in demselben Betriebe thätig ist, und zwar beträgt der Prozentsatz bei dieser Dauer im Accord 24, im Zeitlohn 25, im gemischten Lohn 37. Die längste Dauer des Arbeitsverhältnisses, über 15 Jahre, wird dagegen im gemischten Lohn nur einmal aufgeführt, im Zeitlohn zweimal, im Accord aber neunmal. Hieraus folgern zu wollen, daß das Accordsystem die Harmonie zwischen Arbeitgeber und Arbeitnehmerin begünstigt, wäre falsch. Vermutlich ist es nur die uneingeschränkte Freiheit, im Stücklohn mehr verdienen, aber auch sich aufreiben zu dürfen, welche die Arbeiterin an den Betrieb fesselt. Das Accordsystem gilt unter den Arbeiterinnen allgemein für aufreibend, eine Ansicht, deren Niederschlag das geflügelte Wort ist: „Accordarbeit — Mordarbeit," und thatsächlich müssen die Arbeiterinnen bei den niederen Lohnsätzen in der Papierwaren=Industrie eine aufreibende Thätigkeit entfalten, wenn sie ihr täglich Brot und einen Sparpfennig für die flaue Zeit verdienen wollen. Daß die Mehrzahl der Arbeiterinnen trotzdem das Accordsystem vorzieht, erklärt sich erstens aus der Thatsache, daß sie im Accordsystem mehr verdienen können, und zweitens aus ihrer Kurzsichtigkeit, infolge deren sie nicht imstande sind, die Einbuße an Lebenskraft durch Überanstrengung gegen den augenblicklichen Vorteil einer vorübergehend erhöhten Einnahme abzuwägen.

Aber nicht nur vom hygienischen und wirtschaftlichen, sondern auch vom ethischen Standpunkte aus hat das Accordsystem neben seiner günstigen seine bedenkliche Seite. Es stachelt den Erwerbstrieb aufs höchste an, und das ist für einen Teil unserer Arbeiterschaft gewiß noch nötig und heilsam; ob auch für die großstädtischen Arbeiterinnen, erscheint freilich sehr fraglich. Daneben aber beeinträchtigt es durch die Intensität, mit welcher gearbeitet wird, die Ruhe, welche sich auch bei dem größten Fleiße die Zeit gönnt, an der Arbeit in ihrem Wachsen und Gelingen Freude zu haben. Eine Arbeiterin, die in geisttötender Einförmigkeit eine Maschine bedient oder eine Teilarbeit ausführt, kann keine Freude bei der Arbeit fühlen, sie muß stumpf werden; wohl wäre dies aber noch der Arbeiterin möglich, welche ein Ganzes macht, wie z. B. die Kartonarbeiterin. Aber das Accordsystem prägt ihr die Vorstellung ein, daß die Arbeit bloß um des Gewinnes willen gethan wird, nicht sowohl für Geld, als vielmehr lediglich um des Geldes willen. Dies geht so weit, daß sie jeden Handschlag unter dem Gesichtspunkte abwägt: Was bringt er ein? Arbeit und persönlicher materieller Gewinn wird im Accordsystem ein Begriff. Ein solches System kann kaum erziehlich wirken, weil es der Arbeit jeden höheren Gesichtspunkt nimmt. Indem der persönliche materielle Gewinn als einziger Zweck und Wertmesser der Arbeit erscheint, wird das Gefühl der Zusammengehörigkeit, des gemeinsamen Schaffens und damit der Gemeinsinn erstickt und statt dessen der kleinlichste Egoismus gezüchtet. Der ethische Gehalt des Stücklohnsystems könnte füglich in das Sprichwort gefaßt werden: „Jeder für sich, und der Teufel hole den letzten."

V.

Arbeitszeit. Pausen. Lohnschwankungen. Arbeitslosigkeit.

Tabelle 11 u. 12.

Die Angaben über die Lohnverhältnisse der Arbeiterinnen bedürfen der Ergänzung, sowohl durch die Angabe der **wirklichen Arbeitszeit**, in welcher der Lohn in der flotten Zeit verdient wurde, als der **Lohnschwankungen**, welche durch die flaue Geschäftszeit verursacht werden.

Um die Untersuchung gründlicher zu gestalten, empfiehlt es sich, jeden der vier Geschäftszweige — Buchbinderei, Kontobücher, Luxuspapier, Kartonnage — gesondert zu betrachten und dieselben untereinander zu vergleichen.

In der Buchbinderei wird der Wochenlohn von 5—7 Mark bei einer wirklichen Arbeitszeit (ausschließlich Pausen)[1] von 8—9 Stunden von 2 „Jugendlichen" im Zeitlohn verdient. 6—10 Mark verdienen 19 Arbeiterinnen, sowohl im Accord wie in gewissem Gelde bei 9—10 wirklichen Arbeitsstunden. Die höhere Einnahme der drei folgenden Lohnstufen, 9—22 Mark, wird bei einer wirklichen Arbeitszeit von 11 Stunden erzielt; diese Arbeitszeit leisten 130 Arbeiterinnen. 6 Arbeiterinnen verdienen wöchentlich 12 Mark bei achtstündiger Arbeitszeit (in diesem Falle inkl. Pausen) in dem einzigen Betriebe der Branche, welcher den Achtstundentag eingeführt und gute Erfahrungen dabei gemacht hat.

Die gleichen Verhältnisse finden wir in dem Kontobuchzweige. 5—7 Mark werden bei einer täglichen Arbeitszeit von 9 Stunden von einer „Jugendlichen" im Zeitlohn, 6—10 Mark bei 9- und 10-stündiger Arbeit verdient. Die an den folgenden Lohnklassen Beteiligten (9—22 Mark) haben eine wirkliche Arbeitszeit von 11, auch 12 Stunden angegeben.

In der Luxuspapierfabrikation treffen wir auf dieselben Zeitangaben. Der untersten Lohnklasse entspricht eine Arbeitszeit von 8 und 9 Stunden für 17 Jugendliche, 6—10 Mark werden bei 9- und 10stündiger Arbeit verdient. Der Einnahme der drei höheren Lohnklassen steht eine tägliche wirkliche Arbeitszeit von 9—12 Stunden gegenüber, 18 Mark z. B. wurden in einem Großbetriebe bei 9, in einem Zwergbetriebe bei 12 wirklichen Arbeitsstunden verdient.

Die Arbeitszeitverhältnisse der Kartonnagenarbeiterinnen erscheinen neben den drei vorhergehenden Bildern ungünstiger. Der Lohnstufe von 5—7 Mark entspricht eine tägliche Arbeitszeit ohne Pausen von 10 Stunden. 6—10 Mark Wochenlohn werden in 9—11 täglichen Arbeitsstunden verdient, in den übrigen Lohnstufen schwankt die wirkliche Arbeitszeit zwischen 9—12 Stunden.

Die auffallendste Erscheinung in den Arbeitszeitverhältnissen der Karton- und Luxuspapier-Branche ist der große Unterschied in der Arbeitszeit bei gleicher Einnahme. 12 Mark Wochenlohn z. B. verdienen 127 Arbeiterinnen, bei denen die Länge der Arbeitszeit um volle drei Stunden differiert; während die einen 9 Stunden arbeiten, um 12 Mark in der Woche zu erreichen, mußten die anderen 12

---

[1] Die folgenden Angaben der Arbeitszeit bezeichnen, wofern nicht ausdrücklich das Gegenteil betont wird, die wirklichen Arbeitsstunden ohne Einrechnung der Pausen.

Stunden arbeiten, demnach mit den Pausen 13½—14 Stunden im Betriebe zubringen.

Wir ersehen daraus, daß man keineswegs von der Länge der Arbeitszeit auf die Höhe des Lohnes schließen kann und umgekehrt. Die Höhe des Lohnes und die Länge der Arbeitszeit stehen im Gegenteil meistens im umgekehrten Verhältnisse. Die längste Arbeitszeit kommt in allen Branchen gerade in den kleinsten Werkstuben vor, während vereinzelte Großbetriebe schon den 10 stündigen Arbeitstag (inkl. Pausen) eingeführt haben. Die Pausen verteilen sich dabei auf folgende Weise: Vormittags wird von 8—12 ohne Unterbrechung gearbeitet, nach 45 Minuten Mittagspause wird um ¾1 wieder angefangen und bis 6 Uhr gearbeitet mit ¼ Stunde Vesperpause dazwischen. Eine andere Einteilung ist folgende: Die tägliche Arbeitszeit beginnt um 7 Uhr vormittags; die erste Pause ist von 9—9¼ Uhr, die Mittagspause von 1—2 Uhr. Von 2—5½ wird ohne Unterbrechung gearbeitet.

In den Betrieben mit längerer Arbeitszeit werden längere Pausen eingehalten. Die Frühstückspause beträgt stets wenigstens ¼ Stunde, ebenso die Vesperpause um 4 Uhr; die Dauer der Mittagspause ist verschieden. Wird bis 8 oder 9 Uhr abends gearbeitet, so tritt um 7 Uhr noch einmal eine Pause von 15 Minuten ein. Folgende Tabelle zeigt uns die verschiedene Dauer der Mittagspausen.

Tab. 11.

	Buchbinderei	Kontobuch	Luxuspapier	Kartonnage	Gesamtzahl der Betriebe
unter 1 Stunde . . .	1	4	3	0	8
1 Stunde	12	4	12	23	51
1½ Stunde	5	0	3	5	13

Die Reichs-Gewerbe-Ordnung hat der Mittagspause der Arbeiterinnen durch den § 137 besondere Beachtung mit der Bestimmung geschenkt, daß Arbeiterinnen, welche ein Hauswesen zu versorgen haben, 1½ Stunde beanspruchen dürfen. Für die hier in Frage kommenden 59 von 72 Betrieben ist dieser Paragraph illusorisch geblieben, es ist 1894 nicht vorgekommen, daß eine Arbeiterin von dem ihr zuerkannten Rechte Gebrauch machte. Wenn auch in erster Linie die Furcht, mißliebig zu werden, die Frau abhält, um eine verlängerte Pause zu bitten, so ist es doch nicht allein dieser Grund, welcher die Arbeiterin in der Fabrik zurückhält. Rein örtliche Verhältnisse sprechen in Berlin mit. Für die Arbeiterin, welche in einem Vororte wohnt oder aus einem entlegenen Stadtviertel in die Fabrik eilt, wäre auch eine 2 stündige Mittagspause keine Erholung, denn $5/4$ bis $1^{1}/_{2}$ Stunden müßte sie auf den Weg oder auf die Fahrt hin und zurück rechnen, und so bleiben ihr $3/4$ Stunden, um hastig, wenn sie ankommt, „ihr Hauswesen zu besorgen", wie die Reichs-Gewerbe-Ordnung sagt, d. h. in diesem Falle, für die Kinder — der Vater ist in der Fabrik — und sich selbst Mittagsbrot zu richten und das flüchtig zubereitete Mahl mit dem Auge auf dem Uhrzeiger zu verzehren und dann wieder fortzueilen. Wohnt die Arbeiterin in der Nähe des Betriebes, ein Umstand, der in Berlin nicht die Regel bildet, so zieht sie vor, nach Hause zu gehen; wohnt sie aber nicht zufällig in der Nähe des Betriebes, in dem sie beschäftigt ist, so ist es für sie rätlicher, in der Fabrik zu bleiben, und dies thut die Mehrzahl der Arbeiterinnen denn auch. Schwerlich würde aber in Berlin eine zu finden sein, welche nicht gern die lange Mittagspause aufgäbe und dafür um 6 Uhr Feierabend machte. Im Interesse der Arbeiterinnen ist zu wünschen, daß die englisch-amerikanische Einteilung der Tageszeit in Berlin allgemein und nicht nur von vereinzelten Großbetrieben eingeführt wird[1]. Der Nutzen würde auf beiden Seiten sein; der Arbeitgeber würde Beleuchtung und Heizung sparen, die Abnutzung der Maschinen würde sich verringern und die Qualität der Arbeit steigen. Die Arbeiterinnen ihrerseits würden einige Stunden am Tage der Familie gehören. Das Ziel, welches der betreffende Paragraph der Gewerbe-Ordnung vergeblich anstrebt: der Arbeiterfamilie eine gemeinsame Mahlzeit zu ermöglichen, wäre auf diese Weise näher gerückt. Wie sehr die Arbeiterfamilie selbst den Wunsch einer gemeinsamen Mahlzeit hat, beweist der Umstand, daß hie und da **trotz des langen Arbeitstages die Hauptmahlzeit am späten Abend eingenommen wird**. An den Ärzten wäre es, zu entscheiden, ob die Vorzüge der englischen Zeiteinteilung für

---

[1] In kleinstädtischen Verhältnissen scheint der jetzige Zuschnitt dagegen der wünschenswertere zu sein; wo eine Mittagspause wirklich eine Ruhezeit bedeutet ist sie hygienisch ratsam.

das sociale Leben nicht etwa durch hygienische Nachteile aufgehoben werden.

Wenden wir unsere Aufmerksamkeit nun dem Einflusse der toten Zeit auf die Erwerbsverhältnisse der Arbeiterinnen zu, so bemerken wir eine beträchtliche Schwankung der Einnahme. In der Kartonbranche geht der Verdienst in der untersten Lohnklasse von 5—7 auf 3—6 Mark herunter, während die Zahl der in diesen Lohnstufen Stehenden von 9 auf 36 Arbeiterinnen steigt. 36 von den Kartonarbeiterinnen haben demnach während mindestens 4 Monaten eine Maximaleinnahme von 6 Mark.

Die übrigen Lohnklassen gruppieren sich folgendermaßen:

Tab. 12a.

3— 6 Mark	verdienen	36	Arbeiterinnen
5— 7 =	=	65	=
6— 9 =	=	98	=
8—10 =	=	72	=
10—15 =	=	38	=
	S.	309	

Ein gleiches Bild zeigt der Luxuspapierzweig:

Tab. 12b.

3— 6 Mark	verdienen	19	Arbeiterinnen
5— 7 =	=	39	=
6— 9 =	=	89	=
8—10 =	=	60	=
10—15 =	=	48	=
16—20 =	=	2	=
	S.	257	

Günstiger gestalten sich die Erwerbsverhältnisse in der Kontobuch-Fabrikation.

Tab. 12c.

3— 6 Mark	verdienen	2	Arbeiterinnen
5— 7 =	=	3	=
6— 9 =	=	23	=
8—10 =	=	18	=
10—15 =	=	35	=
15—20 =	=	8	=
	S.	89	

In der Buchbinderei (vergleiche Tabelle 12a) bilden 15 Mark den höchsten Wochenlohnsatz, so daß die höchsten Lohnklassen ganz wegfallen:

Tab. 12d.

3— 6 Mark	verdienen	15	Arbeiterinnen
5— 7 =	=	24	=
6— 9 =	=	43	=
8—10 =	=	50	=
10—15 =	=	25	=
	S.	157	

Am günstigsten liegen hiernach die Verhältnisse in der Kontobuchbranche, in welcher die Lohnklasse 10—15 Mark die höchste Beteiligung aufweist, während in der Buchbinderei die größte Beteiligung auf den Lohnsatz 8—10 Mark entfällt, in der Luxuspapier-Fabrikation und Kartonnage sogar 6—9 Mark den häufigsten Verdienst darstellen.

Aber mit dieser Lohnschwankung ist die Unsicherheit der Erwerbsverhältnisse der Arbeiterinnen keineswegs erschöpfend dargestellt; ein Teil wird regelmäßig in der toten Zeit arbeitslos. Von 160 Arbeiterinnen in der Buchbinderei hatten nur 57 das ganze Jahr hindurch lohnende Beschäftigung; 103 wurden während der flauen Zeit arbeitslos; nur 4 von diesen 103 Arbeiterinnen geben eine andere Beschäftigung an.

In der Kontobuchbranche hatten von 92 Arbeiterinnen 70 das ganze Jahr Beschäftigung, 22 wurden entlassen; 8 von diesen 22 geben eine andere Beschäftigung an. In der Luxuspapierbranche wurden von 257 60 entlassen; 23 fanden andern ehrlichen Erwerb. In der Kartonnage hatten von 313 Arbeiterinnen 236 das ganze Jahr hindurch Beschäftigung; 77 wurden entlassen, 32 geben an, Verdienst gefunden zu haben.

Im ganzen wurden von 820 Arbeiterinnen 262 = 31,95 Prozent vorübergehend arbeitslos. Die Arbeitslosigkeit spiegelt sich auch deutlich in der Schwankung des weiblichen Mitgliederbestandes der Ortskrankenkasse wieder. Die höchste Mitgliederzahl betrug — im Dezember — 3836, die niedrigste — im Februar — 2867. Demnach sind 969 Arbeiterinnen im Jahre 1894 arbeitslos gewesen.

VI.
Familienstand. Kinderzahl. Kindersterblichkeit.
Tabelle 13—16.

Die einmal hergestellte Unterlage der 6 Lohnklassen ist in Rücksicht auf die Einheitlichkeit des Überblicks bei der Untersuchung des Familienstandes der Arbeiterinnen beibehalten worden.

Die Gesamtzahl der 812 Arbeiterinnen zerfällt in 639 Ledige, 132 Verheiratete, 34 Verwitwete, 7 Geschiedene. Von diesen 812 Arbeiterinnen wurden 175 Mütter von 421 Kindern, von denen 217 überleben, 204 verstarben. Die Kindersterblichkeit betrug also 48,46 Prozent.

Die Zahl der Geburten und die Kindersterblichkeit verteilte sich nach dem Familienverhältnis der Mütter folgendermaßen:

Von 635 led. Arbeiterinnen wurden 56 Mütter v. 73 Kind., v. d. 24 = 32,88 % verst.
» 132 Verheirateten   »   119   »   » 274 » , » » 135 = 49,27 » »
Und 41 Frauen ohne Versorger[1] hatten   74 » , » » 45 = 60,81 » »

Ein Vergleich der Prozente der Kindersterblichkeit ergiebt das überraschende Resultat, daß die Kinder der ledigen Mütter die geringste Sterblichkeit aufweisen, welche von den Kindern verheirateter Mütter um 17 Prozent überholt wird und bei den Kindern der verheiratet gewesenen Mütter fast auf die doppelte Höhe steigt. Die Thatsache wird darin ihre Erklärung finden, daß die Kinder lediger Mütter überwiegend Erstgeburten jugendlich-kräftiger Organismen sind, und daß die Mütter im blühendsten Alter verhältnismäßig leicht den Unterhalt für das in den meisten Fällen einzige Kind (siehe Tabelle 14) verdienen können, auch wohl in der Regel von den Vätern ihrer Kinder unterstützt werden, wirtschaftlich also günstiger gestellt sind. Die hohe Sterblichkeit der Kinder verheirateter Frauen dagegen erklärt sich sowohl durch die Erschöpfung ihres Organismus infolge wiederholter Geburten bei ungenügender Ernährung, als auch durch die schädlichen Einflüsse der Fabrikarbeit. Von der Überanstrengung abgesehen, muß der Aufenthalt in schlecht gelüfteten, staubigen Räumen auf die Dauer die kommende Generation schädigen, noch ehe sie das Licht der Welt erblickt. Man stelle sich den Einfluß auf die Blutbildung vor, wenn z. B. eine Arbeiterin beim Talkumieren des Papiers täglich elf Stunden lang in einem Raume sich befindet, dessen Luft so mit weißem Staube durchsetzt ist, daß

---
[1] Verlasser, verwitwet, geschieden.

er sich auf Haar und Kleidung als Schicht ablagert. Der hohe Prozentsatz der Kindersterblichkeit beweist schlagend, daß die verheiratete Fabrikarbeiterin in ihrer gegenwärtigen Lage weder kräftige Kinder gebären noch großziehen kann.

Die Frauen, welche ihren Versorger verloren haben, leiden unter den gleichen Übelständen, ihre Lage wird aber dadurch noch verschlimmert, daß sie in reiferen Jahren für Haushalt und Kinder allein sorgen müssen und vermutlich auch in vielen Fällen körperlich wie seelisch unter schwierigen ehelichen Verhältnissen gelitten und dadurch an Leistungsfähigkeit verloren haben. In wie weit die wirtschaftliche Lage der Mütter die Kindersterblichkeit beeinflußt, können wir mit Hülfe der folgenden Tabelle untersuchen, welcher die Einteilung der Mütter nach Lohnklassen zu Grunde liegt.

Tab. 13.

Wochenlohn in der flotten Zeit	Zahl der Arbeiterinnen	davon kinderlos	Mütter	davon ledig	Geburten	davon ledige	überlebende Kinder	die Kindersterblichkeit betrug Prozent
Unter 5 Mk.	1	1	—	—	—	—	—	—
5— 7 =	29	29	—	—	—	—	—	—
6—10 =	172	140	32	14	77	17	33	57,14
9—12 =	300	251	49	17	129	19	65	49,61
12—16 =	250	185	65	17	141	26	78	44,68
16—21 =	59	31	28	8	71	11	40	43,66
20—22 =	1	—	1	—	3	—	1	—
S.	812	637	175	56	421	73	217	48,46

Von 100 Müttern sind { verheiratet 68 / ledig 32 } Prozent

Wir können die unterste und oberste Klasse kurzer Hand ausscheiden; in der untersten Lohnklasse, 5—7 Mark, finden wir unter 29 Arbeiterinnen nur 2 verheiratete, kinderlose Frauen, in der obersten nur eine verheiratete Arbeiterin, welche Mutter dreier Kinder wurde, von denen nur eins am Leben ist.

An der zweiten Lohnstufe (6—10 Mark) sind unter 172 weiblichen Personen 32 Mütter mit 77 Kindern beteiligt, von denen 33 leben, demnach betrug die Sterblichkeit 57,14 %. Diese Zahlen verteilen sich nach dem Familienstande folgendermaßen: Auf 14 Ledige entfallen 17, auf 18 Verheiratete 60 Geburten.

In der Lohnklasse 9—12 Mark treffen wir unter 300 Arbeiterinnen 251 Kinderlose, 49 Mütter mit 129 Kindern, von denen 65 zur Zeit der Untersuchung noch leben. Die Sterblichkeit betrug 49,61 %. Die Trennung nach dem Familienstande ergiebt folgendes Bild: Auf 17 Ledige entfallen 19 Geburten, auf 32 Verheiratete (einschließlich der später verwitweten und geschiedenen Frauen) 110.

In der Lohnklasse 10—16 Mark sind unter 250 Beteiligten 185 kinderlos, 65 Mütter von 141 Kindern, von denen 78 leben. Die Sterblichkeit betrug 44,68%. In dieser Klasse entfallen auf 17 Ledige 26 Geburten, auf 48 Verheiratete 115.

Die Lohnklasse 16—20 Mark weist bei 59 Beteiligten 31 Kinderlose und 28 Mütter auf von 71 Kindern, von denen 40 leben. Die Sterblichkeit betrug 43,66%. Nach dem Familienstand unterschieden ergiebt sich folgender Thatbestand: Auf 7 Ledige kommen 11 Geburten; auf 20 Verheiratete 60.

Diese Betrachtung ergiebt, daß die Kindersterblichkeit mit jeder höheren Lohnklasse abnimmt. Die Möglichkeit steigt, Mutter und Kind besser zu pflegen.

Betrachten wir die Zahl der Geburten ohne Rücksicht auf die Beteiligung der Mütter an einzelnen Lohnklassen, sondern lediglich nach der Leistung der einzelnen Mutter und deren Familienstand, so tritt die Thatsache hervor, daß unter den Müttern mit 1 Kinde 42 Ledige neben 35 Verheirateten (und später Verwitweten) stehen; unter den Müttern mit 2 Kindern verschiebt sich das Verhältnis bedeutend: Die Verheirateten (und später Verwitweten oder Geschiedenen) zählen 34, die Ledigen nur 7 Mütter, ein Umstand, aus welchem sich zu ergeben scheint, daß in den meisten Fällen das erste Kind ein voreheliches war und zwischen der ersten und zweiten Geburt die Ehe eingegangen wurde; Mütter mit 3 Kindern sind nur zweimal unter den Ledigen vertreten neben 23 verheirateten Frauen. 4 Kinder haben ebenfalls nur 2 ledige Personen angegeben neben 6 verheirateten. Mehr Geburten als 4 hat keine Ledige angeführt. Unter den Verheirateten haben wir 6 Mütter mit 4, 8 Mütter mit 5, 3 Mütter mit 7 und endlich 9 Frauen mit 8 und mehr Geburten.

Tab. 14.

Familien-stand	Zahl der Mütter	Zahl der Kinder														
		1		2		3		4		5		6		7		8
		ledig	verheiratet	ledig	verheiratet	ledig	verheiratet	ledig	verheiratet	ledig	verheiratet	ledig	verheiratet	ledig	verheiratet	ledig	verheiratet
Zahl		42	35	7	34	2	23	2	6	0	8	0	3	0	3	0	9

Die vorstehenden Ausführungen bedürfen noch der Ergänzung durch Angaben über das Alter der Mütter, um Rückschlüsse zu ermöglichen, wie früh Beziehungen zwischen den Geschlechtern eintreten. Geben wir zu diesem Zwecke die Gruppierung nach Lohnklassen auf und greifen wir statt dessen auf den Altersaufbau zurück, indem wir in jeder Altersstufe die Mütter aussondern, so ergeben sich folgende Tabellen.

Tab. 15.

Altersstufen	Gesamtzahl der Arbeiterinnen	Davon Mütter
bis 16	27	0
16—18	106	2
18—21	240	25
21—24	167	31
24—30	183	72
30—40	80	37
über 40	17	8
S.	820	

Tab. 16.

Material der Ortskrankenkasse der Buchbinder ꝛc.

Altersjahre	Gesamtzahl der Arbeiterinnen	davon Mütter	davon verheiratet	davon ledig
bis 16	689	0	0	0
16—18	1048	17	3	14
18—21	1412	79	30	49
21—24	905	62	34	28
24—30	1009	71	56	15
30—40	565	21	18	3
40—50	322	—	—	—
50—60	21	—	—	—
über 60	6	—	—	—
S.	5977	250	141	109

Von hundert Müttern sind { verheiratet — 56,4 %
{ ledig — 43,6 %

— 38 —

Das Material der Ortskrankenkasse der Buchbinder ꝛc. ist auch in diesem Punkte unbedingt zuverlässig. Jedes weibliche Mitglied erhält als Wöchnerin vier Wochen lang Unterstützung (im Jahre 1894 wurde 5 Mark 10 Pfennige in der Woche gezahlt) und versäumt, um diesen Betrag zu erlangen, nicht, die Entbindung ordnungsgemäß anzuzeigen. Diese Anzeige muß die Angabe über Alter und Familienstand enthalten.

Es darf hier nicht vergessen werden, daß die vorstehende Tabelle 16 eher geeignet ist, die nicht ehelichen Beziehungen der Geschlechter, als die Ehefrequenz zu betrachten. Mit der Heirat hört die Frau, wie wir sahen, vielfach für längere Zeit auf, in der Fabrik zu arbeiten. Damit erlischt die Versicherungspflicht. Die Zahlen der Tabelle 16, welche sich ausschließlich auf Kassenmitglieder beziehen, sagen uns also weder, wie viel Arbeiterinnen heirateten, noch wie viel verheiratete Frauen als Arbeiterinnen versichert sind, sondern nur, wie viele Wöchnerinnen im Jahre unterstützt wurden und wie viele der unterstützten Wöchnerinnen verheiratet, wie viel ledig waren. Wenn die Zahlen uns nun zwar nicht zu allgemeinen Schlüssen auf die Ehefrequenz berechtigen, so ersehen wir doch aus der Thatsache, daß unter den 16—18 jährigen bereits 17 Mütter, in der nächsten Altersklasse schon 79 verzeichnet sind, daß die Geschlechter früh in Beziehungen zu einander treten. Der Prozentsatz der ledigen Mütter beträgt nach Tabelle 13: 32 von hundert, nach dem Material der Ortskrankenkasse 43 von hundert. Die größere Zuverlässigkeit dieses Materials ist nicht zu leugnen, andererseits giebt es uns mit dieser Zahl keinen Anhaltspunkt zur Beurteilung der wirtschaftlichen Lage der ledigen Mütter. In dieser Beziehung ist die Tabelle 13 ausgiebiger, welche die Mütter nach den Lohnklassen ordnet. Wir entnehmen dieser Tabelle die Thatsache, daß mit jeder höheren Lohnklasse der Prozentsatz der ledigen Mütter fällt.

Der Anteil beträgt (mit Unterdrückung des Bruchteils)
   in der Lohnklasse   6—10 Mark — 43 Prozent,
   =   =   =   9—12   =   — 34   =
   =   =   =   12—16   =   — 26   =
   =   =   =   16—21   =   — 25   =

Die Abnahme des Prozentsatzes lediger Mütter bei steigender Einnahme beweist den Anteil, welchen die wirtschaftliche Lage der Arbeiterinnen an ihren Beziehungen zu dem anderen Geschlechte hat und mahnt zur Vorsicht in der Beurteilung ihres sittlichen Standpunktes. Der Gedanke zwingt sich auf, daß eine Hebung der wirtschaftlichen Lage der Arbeiterinnen ein wirksames Mittel zur Bekämpfung der Prostitution sein würde. Andererseits liegt aber auch der Gedanke an eine Wechselwirkung zwischen den wirtschaftlichen und sittlichen Verhältnissen der Arbeiterin nah. Zweifelsohne wird ein unsittlicher Lebenswandel ihre Erwerbsfähigkeit beeinträchtigen und sie in den unteren Lohnklassen festhalten.

VII.
Wohnungsverhältnisse.
Tabelle 17—19.

Von den 812 Arbeiterinnen haben nur 212 = 26,10 Prozent eigene Wohnung; 600 = 73,90 Prozent sind in Schlafstelle und zwar 480 = 80 Prozent bei Eltern und 120 = 20 Prozent bei Fremden.

Betrachten wir zuerst die Lage der Inhaberinnen einer eigenen Wohnung. Nach dem Familienstande geordnet, zerfallen sie in 64 Ledige, 121 Verheiratete, 23 verwitwete und 4 geschiedene Frauen. Teilen wir die 212 Inhaberinnen einer eigenen Wohnung den sechs Lohnklassen zu und betrachten das relative Zahlenverhältnis zwischen den Beteiligten einer Lohnklasse und den Inhaberinnen eigner Wohnung, so tritt das Ergebnis zu Tage, daß mit jeder höheren Lohnklasse die Zahl der in eigner Wohnung Lebenden relativ wächst.

Tab. 17.

Lohnklassen in der flotten Zeit	Zahl der Arbeiterinnen	Inhaberinnen eigner Wohnung	
		verheiratet	ohne Versorger[1]
Unter 5 Mark	1	—	—
5— 7 =	29	2	1
6—10 =	172	21	7
9—12 =	300	55	16
12—16 =	250	94	45
16—21 =	59	39	22
20—22 =	1	1	—
	812	212	91

Diese Zahlen beweisen deutlich, daß die Arbeiterinnen, sobald sie nur imstande sind, eine eigne Wohnung zu bezahlen, dieselbe der

---

[1] Ledig, verwitwet, geschieden, verlassen.

Schlafstelle vorziehen. Thatsächlich geht ihr Dichten und Trachten dahin, eine Stube zu haben, einen Raum — und sei er noch so klein —, in dem sie daheim, unabhängig und ungestört sind. Ich entsinne mich eines Gesprächs über diesen Punkt zwischen den Arbeiterinnen, mit welchen ich in der Fabrik arbeitete. Eine ledige Arbeiterin von 28 Jahren hatte seit zwei Jahren eine eigne Stube und sprach einmal davon. Eine Nachbarin meinte, die Stube sei doch zu klein, es stünde „alles so längs der Wand" darin und man hätte gerade Platz, sich durchzuschieben. Die glückliche Besitzerin aber meinte, für Bett, Schrank und Kommode sei Raum genug und sie sei froh, aus der Schlafstelle heraus zu sein und eine Stube zu haben, aus der keiner sie vertreiben könne, wenn sie mal krank werden solle. In der Schlafstelle habe sie einmal drei Tage im Bette gelegen und da habe ihre Logiswirtin ihr gesagt: „Stehen Sie auf, oder gehen Sie ins Krankenhaus, über Tag gehört Ihnen der Platz nicht, und Kranke müssen ins Krankenhaus."

Von den 212 eigenen Wohnungen bestehen 65 aus einem einzigen Raume. Im ungünstigsten Falle ist dies ein nicht heizbares Gelaß, halbdunkel und mit schrägem Dach, im günstigsten Falle eine Stube mit einem Kochofen. Neben 41 Ledigen haben 24 ver = heiratete Frauen eine solche Kochstube als Familienwohnung angegeben! 119 Wohnungen bestehen aus einem Wohnraum und einer Küche, davon sind 75 von Verheirateten, 44 von alleinstehenden Frauen bewohnt; 26 Wohnungen bestehen aus zwei Räumen und einer Küche, 6 davon sind von Alleinstehenden, 20 von verheirateten Arbeiterinnen bewohnt; eine Wohnung aus drei und eine aus vier Räumen werden von Verheirateten bewohnt. Von den drei Stuben ist eine gegen 10 Mark an eine Arbeiterin vermietet; von den vier Räumen sind zwei durch Aftermieter besetzt, den Wohnraum der Familie teilt ein Kostgänger. Die sechs Wohnungen mit zwei Räumen und Küche, welche von Alleinstehenden bezahlt werden, haben insgesamt Aftermieterinnen. Folgendes Verhältnis ist typisch. Die Logiswirtin ist Witwe, Handelsfrau; sie bezahlt für die Woh = nung in der Eberswalderstraße 26 Mark. Eine Stube ist an eine Papierarbeiterin gegen eine Monatsmiete von 10 Mark abgegeben, die andere bewohnt die Frau mit ihrer Tochter, welche ebenfalls Arbeiterin ist und 10 Mark monatlich der Mutter abgiebt. Die Aftermieterin erhält von der Wirtin den Morgenkaffee mit zwei Schrippen und bezahlt dafür monatlich 3 Mark.

In sämtlichen Wohnungen wird die Miete monatlich bezahlt und beträgt folgende Summen.

Tab. 18.

Miete	Wohnungen
6 Mark	2
6—12 =	42
12—18 =	79
18—20 =	39
20—25 =	50
S.	212

Scheiden wir die verheirateten Arbeiterinnen aus, da sie aller Wahrscheinlichkeit nach lediglich den Ehemann bei dem Aufbringen der Miete unterstützen, so ergiebt sich für die Alleinstehenden (die Ledigen, Witwen, geschiedenen Frauen) folgendes Bild der Wohnungs- und Mietsverhältnisse.

Tab. 19.

Wohnungs- und Mietsverhältnisse der ledigen (auch verwitweten, geschiedenen) Inhaberinnen eigener Wohnung

Lohn-klassen in der flotten Zeit	Zahl der Arbeite-rinnen	Die Wohnung besteht aus				Monatliche Miete Mark				
		Wohnräumen		Küche						
		1	2	mit	ohne	6	6—12	12—18	18—20	20 und darüb.
5— 7	1	1	—	1	—	—	—	1	—	—
6—10	7	7	—	2	5	—	2	3	1	1
9—12	16	14	2	7	9	—	3	4	5	4
12 16	45	43	2	26	19	—	14	18	8	5
16—21	22	20	2	14	8	—	9	6	4	3
S.	91	85	6	50	41	—	28	32	18	13

In Schlafstelle wohnen bei den Eltern 480 = 80 Prozent, bei Fremden 120 Arbeiterinnen, darunter 11 Witwen, 3 geschiedene Frauen, 9 Verheiratete (deren Mann auswärts wohnt oder sie verlassen hat). Die monatliche Miete (welche vielfach in wöchentlichen Raten entrichtet wird) beträgt in 384 Fällen 4—6 Mark, in 45 Fällen 7—12 Mark (155 Schlafstelleninhaberinnen, welche in der Familie geblieben sind, haben die Miete nicht angegeben).

Von den Schlafstelleninhaberinnen wohnen, wie schon gesagt wurde, 480 = 80 Prozent bei ihren Eltern; jedermann wird dieses Verhältnis als das normale betrachten, wie ja auch die ganze Lage dieser Arbeiterinnen z. B. bei zeitweiser Arbeitslosigkeit in minder hartem Lichte erscheint. Ganz anders ist die Lage der 120 Arbeiterinnen, die ihre Schlafstelle bei Fremden haben. Jeder Kenner wird sie als eine menschenunwürdige bezeichnen. Die sittlichen Gefahren, welche es für beide Teile, Mieter und Vermieter, mit sich bringt, springen in die Augen. Ist die vermietende Familie moralisch gesunken, wird die Schlafgängerin bald mit dem Laster vertraut sein; ist diese letztere sittlich geschädigt, so sind die Kinder der Vermieter gefährdet. Aber mit diesem Streiflicht ist die Sachlage noch nicht genügend beleuchtet. Auch wenn wir die moralische Ansteckungsgefahr aus den Augen lassen, bleiben Schäden übrig, welche eine Änderung und Bekämpfung dieser Form der Lebenshaltung dringend notwendig machen. Man stelle sich nur das Nachhausekommen einer solchen Schlafgängerin vor. Nach der anstrengenden Tagesarbeit in der Fabrik, wo sie Lärm und Staub zu ertragen hat, sehnt sie sich nach Ruhe, nach Erholung. Vor der festgesetzten Zeit aber hat sie keinen Rechtsanspruch auf einen Platz in der engen Wohnung, sondern wird nur geduldet. Ist die Logiswirtin schlechter Laune, so muß sie Reden anhören, die sie erbittern und aufreizen und auf die Straße treiben. Schlägt endlich die Stunde, was wartet ihrer dann? Ein Sofa in einer engen, von Koch- und Wäschedunst gefüllten Stube, die sie morgens 7 Uhr wieder räumen muß, oder auch gar nur ein Platz in dem Bette der Wirtin. Unter solchen Umständen ist es kein Wunder, wenn das Schlafmädchen die Nächte gern möglichst kürzt, indem sie jede sich bietende Möglichkeit eines Vergnügens außer dem Hause ergreift. Die schlimmste Seite dieser Zustände ist aber die Obdachlosigkeit der Schlafgänger an Sonn- und Feiertagen. Das junge Mädchen muß auf die Straße. Gehen die Logiswirte aus, so schließen sie ab; bleiben sie daheim, so wollen sie im Platze nicht beschränkt sein. Der Besitz eines eignen kleinen Raumes, und sei er noch so bescheiden, in dem die alleinstehende Arbeiterin zu Hause ist, würde dagegen eine sittlich bewahrende und erziehliche Wirkung üben. Jede Verbesserung, jede Verschönerung ihrer Zufluchtsstätte wird unter diesem Gesichtspunkte wertvoll. Ähnliche Erwägungen, neben dem Wunsche, zu erfreuen, mögen jene Londoner Frauen leiten, welche den Unbemittelten Blumenbretter an den Fenstern einrichten. Wenn der Arbeiterin, nachdem sie dem

Lärm, dem Dunst, der unruhigen Hast der Fabrik entronnen ist, ein kleines Heim wie ein Ruhehafen winkt, wird sie oft lieber daheim bleiben, anstatt im Tingeltangel oder auf der Straße den abstoßenden Eindrücken der Schlafstelle zu entfliehen, welche allen häuslichen Sinn und häusliche Tugenden im Keim ertöten müssen.

VIII.
Allgemeine Arbeitsverhältnisse.
Tabelle 20.

Werfen wir einen Blick auf die allgemeinen Arbeitsverhältnisse, denen das weibliche Personal der 72 untersuchten Betriebe der Berliner Papierverarbeitungsindustrie unterworfen ist.

Die Annahme von Arbeiterinnen erfolgt gewöhnlich bei persönlicher Vorstellung. Die Arbeiterin, welche Stellung sucht, hält auf gut Glück Umfrage in den Betrieben ihrer Branche („Umschauen" genannt), Freunde und Freundinnen machen ihr auch wohl Mitteilung von eingetretenen Vakanzen, oder sie meldet sich auf die Anzeigen hin, welche die Unternehmer in die Zeitungen einrücken lassen. In erster Linie kommen hier Intelligenzblatt, Lokalanzeiger, Volkszeitung und Vorwärts in Betracht. Die drei letzteren sind Morgenblätter, und so sammeln sich bei Tagesanbruch Trupps arbeitsloser Männer und Frauen vor den Druckereien, um die ersten zu sein, welche Einsicht in die Liste der angebotenen Stellen erlangen und, so schnell ihre Füße sie tragen können, in den Betrieb zu eilen, wo Arbeitskräfte verlangt werden. Auch aus dieser Lage hat der Erwerbstrieb Nutzen zu ziehen verstanden. Eine unternehmende Frau kauft für 5 Pfennige ein Zeitungsexemplar und läßt für 5 Pfennige dasselbe einsehen — ein Geschäft, welches das Anlagekapital jedenfalls höher verzinst, als die Betriebe, deren Chefs in dem gekauften Blatte Arbeiter suchen. Nachmittags wiederholt sich sowohl die Ansammlung arbeitsloser Männer und Frauen vor den Druckereien des Intelligenzblattes und des Lokalanzeigers, als auch, nach erfolgter Ausgabe der Blätter, die atemlose Jagd nach den angebotenen Stellen. Der Lokalanzeiger verteilt gratis Abzüge seiner Stellenliste.

Außer den genannten Wegen bieten sich der Arbeiterin die Veranstaltungen für Arbeitsnachweis. Der „Centralverein für Arbeitsnachweis" unterhält eine Verwaltungsstelle in der Klosterstraße 41. Der Jahresbericht des Vereins für 1894 giebt folgendes Bild der

Thätigkeit der Verwaltungsstelle für weiblichen Arbeitsnachweis, soweit Arbeiterinnen der Papierwarenindustrie in Betracht kommen.

Angebotene Arbeitskräfte	Angebotene Stellen	Besetzte Stellen
428	321	306

Die sich meldenden Arbeitskräfte zahlen 20 Pf. Einschreibegebühr. (Diese Einnahme bezifferte sich im Jahre 1894 auf 700 M. 60 Pf.) Die Buchbinderinnung unterhält einen Arbeitsnachweis in der Blumenstraße. Es erscheint selbstverständlich, daß dieser Arbeitsnachweis, welcher die zunftmäßig gelernte Arbeit hochhält und dem Handwerk dient, keine Arbeiterinnen unterbringt. Letztere benutzen am meisten den dritten Arbeitsnachweis, welchen die Gewerkschaft der Buchbinder und verwandter Gewerbe für Mitglieder und Nichtmitglieder in der Annenstraße Nr. 16 eingerichtet und im Juli 1892 auch auf Arbeiterinnen ausgedehnt hat. Die Arbeitsvermittlung für das weibliche Personal steht unter Verwaltung einer Frau und findet Wochentags von 7—8 Uhr abends, Sonntags von 11—11½ Uhr vormittags statt.

Die folgende Tabelle 20 giebt aus den Akten dieses letzten Arbeitsnachweises eine Übersicht über Angebot und Nachfrage im dritten und vierten Quartal 1893, in allen vier Quartalen 94, im ersten und zweiten Quartal 1895. Wir ersehen aus einem Vergleiche der Zahlen, daß der Nachweis in steigendem Maße in Anspruch genommen wird.

Tab. 20.

Zeitraum	Angebotene weibliche Arbeitskräfte	Angebotene Stellen	Besetzte Stellen	Nicht besetzte Stellen
1893 1. Juli — 31. Dez.	125	209	28	181
1894 1. Jan. — 31. Dez.	509	515	242	273
1895 1. Jan. — 30. Juni	411	327	249	78

Auffallend ist das Mißverhältnis zwischen der Zahl der arbeitslosen Arbeiterinnen und den nicht besetzten Stellen. Hier wolle der Leser sich der Auseinandersetzung im ersten Abschnitte erinnern. Die

Arbeiterin lernt nicht das Gewerbe, sie wird nur auf Teilarbeit eingeübt und ist bei dieser Einseitigkeit auch innerhalb ihrer Branche auf ein begrenztes Gebiet angewiesen. Wo geübte Falzerinnen verlangt werden, kann sich keine Kartonarbeiterin anbieten, und wo Kräfte zum „Anschmieren" verlangt werden, ist eine Luxuspapierarbeiterin nicht am Platze. Suchen zwei Kartonarbeiterinnen Stellung, und eine Papierausstattungsfabrik verlangt zehn Prägerinnen, so nützen ersteren die zehn angebotenen Stellen nichts, und diese wiederum können nicht besetzt werden, wenn nicht Prägerinnen zur Verfügung stehen. Es kommt aber auch in diesem Arbeitsnachweise vor, daß Mitglieder der Gewerkschaft eine Stelle ausschlagen, weil der Lohn zu niedrig, die Behandlung grob ist, oder die betreffende „Bude" in sanitärer oder sittlicher Hinsicht schlechten Ruf hat, sodaß der Verein sein Mitglied lieber unterstützt, als es dort eintreten zu lassen. Schließlich ist zu bedenken, daß die einzelnen Branchen nicht alle zu gleicher Zeit flotten und flauen Geschäftsgang haben. Wenn zehn Falzerinnen verlangt werden, weil die flotte Zeit begonnen hat, können sich zwölf Kartonarbeiterinnen arbeitslos gemeldet haben, weil die Geschäftsflaue begonnen hat, ohne daß ihnen mit dem Angebot gedient wäre.

In der überwiegenden Mehrzahl der Betriebe wechseln flotte und flaue Zeit ab. Nur von fünf Betrieben sagen die betreffenden Sammelbogen, daß der Geschäftsgang im ganzen Jahr ein regelmäßiger ist, und zwar von einer Buchbinderei im Nebenbetriebe, von drei Luxuspapierfabriken und einer Kartonfabrik. In allen übrigen Betrieben tritt der Wechsel fühlbar ein, zum Teil sogar zweimal im Jahre, wobei die flotte Zeit, wie es den Anschein hat, auf Frühjahr und Herbst entfällt. In der Buchbinderei übt die Schulversetzung in einigen Betrieben Einfluß. In der Regel wechseln flotte und flaue Zeit aber nur einmal im Jahre; für den einen Teil fällt der flotte Geschäftsgang in die erste Hälfte, für den andern Teil in die zweite Hälfte des Jahres, ein Umstand, welcher von den Bedürfnissen des Absatzgebietes bestimmt wird. In nahezu sämtlichen Betrieben, welche dem Wechsel von flotter und flauer Zeit unterworfen sind, müssen die Arbeiterinnen während der flotten Zeit Überstunden machen, zum Teil in einer Ausdehnung, welche nicht glaubhaft erscheinen würde, wenn nicht die Arbeiterinnen der betreffenden Betriebe, einzeln befragt, übereinstimmend dieselbe Auskunft erteilt hätten und zwar mit einer Genugthuung, welche noch weit davon entfernt ist, den Geist zu verstehen, aus welchem heraus die R.-G.-O. und der elfstündige Maximalarbeitstag gefordert und erkämpft worden sind. Es ist eine unbestreitbare Thatsache, daß die Arbeiterinnen jederzeit bereit sind, Überstunden zu machen und die gesetzlichen Pausen durchzuarbeiten, ja daß sie hier und da die Hand bieten, um gewissenlose Arbeitgeber bei der Hintergehung der Polizei-Inspektion zu unterstützen. Die unverständige Bereitwilligkeit der Arbeiterinnen wird oft als Beweis herangezogen, daß nicht der Unternehmer, sondern der Wille des Personals die Überanstrengung herbeiführt, eine Auffassung, welcher entgegenzuhalten ist, daß ohne Wissen und Einverständnis des Chefs ein solches Beginnen ebenso unmöglich ist, wie die Übertretung des Verbots der Sonntagsarbeit, und daß man doch, wenn zwei fehlen, billig den führenden Teil verantwortlich macht. Aus dieser Auffassung heraus erklärt der § 146 der R.-G.-O. denjenigen für straffällig, welcher Arbeitern an Sonn- und Festtagen „Arbeit giebt", macht also den Arbeitgeber für die freiwillige so gut wie für die befohlene Vornahme verbotener Sonntagsarbeit in seinem Betriebe oder für denselben verantwortlich. Nur diejenige Maßnahme, welche dem wirtschaftlich stärkern Teile die Verantwortung zuschiebt, verspricht einigen Schutz, wenn der Wille des einen Teils — wie in dem Verhältnisse von Arbeitgeber und Arbeiterin — allein bestimmend ist. Schon der männliche Arbeiter steht dem Chef anders gegenüber, als die Arbeiterin, welche häufig nicht einmal die einschlägigen, eigens zu ihrem Schutze erlassenen Paragraphen der R.-G.-O. kennt, die Berufung auf das Gewerbegericht scheut und die Bedeutung einer kräftigen gewerklichen Organisation noch nicht begriffen hat. Zwar ist das weibliche Personal in den Betrieben, welche einen Arbeiterausschuß haben, durch weibliche Mitglieder an demselben beteiligt, der Ausschuß selbst aber hat, nach den gründlich beantworteten Sammelbogen zu urteilen, nur in einem einzigen der 72 Betriebe die Bedeutung, welche ihm als einem Mittel socialer Reform zugedacht war. In diesem Betrieb klagen die Arbeiterinnen über nichts; es scheint, daß auch das männliche Personal sich wohl befindet, denn seit 1885 ist kein Streik vorgekommen.

Daß der Arbeitgeber männlichen Arbeitern gegenüber bezüglich der Überzeit- und Sonntagsarbeit, von der wir sprechen, vielfach auf Widerstand stößt, beweisen die einschlägigen Bestimmungen der Fabrikordnungen, welche häufig den Satz enthalten: „Die Arbeiter sind zu Überstunden und Feiertagsarbeit, soweit dieselbe gesetzlich zulässig ist, verpflichtet", — oder auch: „Zur Überzeitarbeit, beziehungsweise zur Nacharbeit, sind die Arbeiter, soweit gesetzliche Vorschriften nicht entgegenstehen, verpflichtet." Die Tragweite dieser Bestimmung, welche teilweise die weiblichen Arbeiter mit trifft, ist je nach der in der Fabrikordnung festgesetzten Länge des Arbeitstages verschieden. Der eine Betrieb rechnet den Arbeitstag zu 9, der andere zu 10, der dritte zu 11, der vierte zu 12 Stunden, ja eine Fabrikordnung sagt: Der Arbeitstag dauert im Sommer von 7 Uhr früh bis 8 Uhr abends, im Winter von 7½—8½, also 13 Stunden[1]. Die Verschiedenheit der Angaben infolge des Mangels eines Normalarbeitstages erschwert es, ein klares Bild von der Ausdehnung, in welcher Überzeitarbeit stattfindet, zu gewinnen. Am häufigsten wird in den Betrieben über Zeit gearbeitet, in welchen das weibliche Personal überwiegt und das Accordsystem vorherrscht, zwei Bedingungen, welche meist zusammenfallen. Die kurzsichtige Bereitwilligkeit der Arbeiterinnen, welche (wie schon gesagt) außer stande sind, gegen eine kleine augenblickliche Mehreinnahme zukünftigen Verlust an ihrer Arbeitskraft, ihrem einzigen Besitze, abzuwägen, erleichtert dem Chef die Verfügung, über Zeit zu bleiben, und das Accordsystem lockt ihn des weiteren dazu, weil bei Stücklohn für Überzeit ein Zuschlag nicht üblich ist; nur zwei Kontobuchfabriken und vier Buchbindereien mit vorwiegend männlichem Personal gewähren einen solchen auch bei Stücklohn. Auffallend erscheint es angesichts dieser Thatsache, daß in sämtlichen Betrieben bei Zeitlohn ein Zuschlag gewährt wird, auch wenn bei Accord kein solcher gezahlt wird. Dieser Umstand wird erklärlich, wenn wir uns vergegenwärtigen, daß in den Betrieben mit vorwiegendem Stücklohnsystem die männlichen Personen, welche die Arbeit dem weiblichen Personal vorrichten und zuteilen, Zeitlöhner mit 25—30 Mark Wochenlohn sind, während die Arbeiterinnen das Kontingent der Stücklöhnerinnen stellen, d. h. mit andern Worten, die besser gestellten Arbeiter verwahren sich dagegen, ohne besondere Entschädigung über Zeit zu arbeiten, sie verlangen einen Zuschlag, die wirtschaftlich und körperlich schwächeren Arbeiterinnen aber müssen die erhöhte Anstrengung ohne besondere Entschädigung auf sich nehmen, ein Beweis dafür, daß ihre wirtschaftliche Schwäche nicht sowohl ein Unglück, als vielmehr ein Fehler ist, für den sie büßen müssen, bis sie ihn bekämpft haben werden.

---

[1] Den elfstündigen Maximalarbeitstag für Arbeiterinnen erwähnt noch keine Fabrikordnung; wohl aber wird der früheren Entlassung der „Jugendlichen" und des gesetzlichen früheren Schlusses für Arbeiterinnen am Vorabend der Sonn= und Feiertage gedacht.

Ein eigenartiger Zuschlag bei Accordarbeit in Form einer Prämie sei hier erwähnt. Ein Kartonfabrikant, dessen Personal häufig wechselt, hat auf einen Wochenverdienst von 9 Mark im Stücklohn eine Prämie von 25 Pfennigen gesetzt, welche aber erst zu Weihnachten ausgezahlt wird. Eine solche Prämie erscheint auf den ersten Blick als eine Vergünstigung, erweist sich bei näherer Betrachtung aber als eine geschickte Spekulation. Durch diese Prämie hofft der Unternehmer einerseits das Personal an seinen Betrieb zu fesseln, andererseits die individuelle Arbeitsleistung derartig zu steigern, daß er, auch wenn das Geschäft flott geht, keine neuen Arbeitskräfte braucht, deren Einstellung kostspieligen Platz voraussetzt. Wenn er 10 Arbeiterinnen 12 Wochen lang die Prämie von 25 Pfennigen gutschreibt, so beläuft sich die Ausgabe auf 30 Mark. Der Platz eines einzigen Arbeiters kommt ihm in Berlin jährlich aber höher zu stehen. Ersparen die Frauen ihm durch verschärfte Anstrengung auch nur einen Platz, so macht er ein gutes Geschäft dabei. Der Wunsch, Platz zu sparen, wird meistens der Grund der Überzeitarbeit sein. Fabrikräume zu mieten, welche die Hälfte des Jahres teilweise leer stehen, würde die Geschäftsunkosten der Provinz gegenüber bedeutend erhöhen, ja vielleicht die Konkurrenzfähigkeit der Fabrik in Frage stellen; so hilft man sich durch Anspannung der vorhandenen Arbeitskräfte. Hier drängt sich die Einwendung auf, weshalb in der flotten Zeit nicht ein Bruchteil des Arbeitsüberflusses Arbeitslosen zu gute kommen könnte, welche zur Ablösung herangezogen werden müßten. In zwei kleinen Betrieben z. B. ist während der flotten Zeit 1894 regelmäßig Sonntags bis 4 Uhr, in zwei andern 5 Wochen lang von 7 Uhr morgens bis 10 Uhr abends gearbeitet worden, inkl. 2½ Stunden Pause; die wirkliche Arbeitszeit betrug 12½ Stunden. Wenn die überlasteten Arbeiterinnen durch arbeitslose Kolleginnen um 5 Uhr abends abgelöst worden wären, so hätten alle Nutzen davon gehabt, auch der Fabrikant, denn durch Schichtwechsel wäre verhindert worden, daß die Qualität der Arbeit unter der Übermüdung der Arbeiterinnen leidet.

Einen weiteren Beweis dafür, daß die widerstandsunfähigen Arbeiterinnen neben ihren männlichen Kollegen im Nachteil sind, ja daß sie, wo sie die überwiegende Mehrzahl bilden, auch die Stellung der Männer herabdrücken, finden wir in der Thatsache, daß, während in drei Buchbindereien, drei Kontobuch- und drei Luxuspapierfabriken den männlichen und weiblichen Zeitlöhnern die Feiertage bezahlt werden, in den 28 Kartonfabriken, wo das weibliche Personal vorherrscht, dies nicht geschieht. Um jedem etwaigen Anspruche auf

Feiertagsentschädigung von vornherein vorzubeugen, sagt eine Fabrik=
ordnung: „Nur wirklich geleistete Arbeitszeit wird gelohnt."

Nicht minder beweiskräftig für die Thatsache, daß die wirt=
schaftliche Schwäche der Arbeiterinnen dieselben zu fügsameren, der
Ausbeutung eher ausgesetzten Kräften macht, gestaltet sich die Unter=
suchung des Strafgelderwesens und der Lohnabzüge.

Von 18 Buchbindereien erheben nur 3 Strafgelder, von 8 Konto=
buchfabriken 2, von 18 Luxuspapierfabriken aber haben 14 ihren
Strafgeldertarif. Fast alle Fabrikordnungen, auch ohne ausgebildeten
Strafgeldertarif, enthalten doch wenigstens Strafbestimmungen über
Unpünktlichkeit; Verspätung wird nach der Minutenzahl von 5 bis
50 Pf. bestraft. Die Kontrolle wird auf verschiedene Weise gehand=
habt: die Arbeiterin ist verpflichtet, beim Eintritt in die Fabrik ihre
Marke mit Namen oder Nummer zu nehmen; die Marken, welche
beim Signal zum Beginn der Arbeit noch nicht herausgenommen
sind, beweisen die Verspätung der Inhaberinnen und werden je nach
der Minutenzahl der Verspätung gegen den entsprechenden Geldbetrag
(oder Lohnabzug) ausgehändigt. In anderen Fabriken wird die
Eingangsthür, welche von außen überhaupt nicht zu öffnen ist, bei
Beginn der Geschäftszeit geschlossen und erst nach 10 Minuten
wieder geöffnet, um Nachzüglerinnen einzulassen, welche notiert
werden. Oder die Arbeiterin kann zu jeder Zeit hinein, muß sich
aber vom Pförtner öffnen lassen und diesem ihre Paßkarte zeigen.
Diese Karte ist mit quadratischen Feldern bedeckt, in welche der
Pförtner bei Verspätung Datum und Minutenzahl einträgt. Bei der
Löhnung muß das Personal die Karte vorzeigen.

Dat.	Uhr	Dat.	Uhr	Dat.	Uhr	Dat.	Uhr	Dat.	Uhr
10. 1.	7/50								
22. 1.	7/20								

Daß von 28 Kartonbetrieben nur zwei einen Strafgeldtarif haben, ist nicht etwa ein Beweis von Widerstandsfähigkeit der Arbeiterinnen, wie in der Buchbinderei, sondern beruht lediglich darauf, daß viele Kartonfabriken überhaupt noch nicht streng geordnete Arbeitsverhältnisse haben, ein Umstand, der wieder mit der mangelnden Verwendung motorischer Kraft zusammenhängt. In Fabriken, in welchen Maschinen bedient werden müssen, herrscht naturgemäß die strengste Pünktlichkeit, welche durch den kostspieligen Betrieb und die Notwendigkeit des genauen Ineinanderarbeitens erfordert wird; in den Kleinbetrieben, wie sie in der Kartonbranche in Berlin noch überwiegen, wird durch Unpünktlichkeit das Interesse des Arbeitgebers weniger in Mitleidenschaft gezogen, folglich sieht dieser sich seltener gemüßigt, streng einzuschreiten, und so zeichnet sich denn diese Branche durch lässigere Disciplin aus. Um so schärfer sind die Bestimmungen in Betrieben anderer Branchen. Da heißt es z. B. in der Fabrikordnung einer Luxuspapierfabrik: „Für Zuspätkommen sind folgende Strafen festgesetzt:

für 5 Minuten 10 Pf.,
= 10 = 20 =
= 15 = 30 =
= 20 = 40 =
= 25 = 50 =

Noch schärfer lautet der Paragraph „Strafe" in einer anderen Fabrikordnung derselben Branche: „Für jede Verspätung tritt ein außer dem Abzug des Lohnes für die verspätete Zeit eine Geldstrafe von 50 Pf. für Arbeiter, von 20 Pf. für Arbeiterinnen."

An anderm Orte heißt es: „Bis zur Hälfte des durchschnittlichen Tagesarbeitsverdienstes wird bestraft" und dann folgen 12 Vergehen. „Mit Geldstrafe bis zur Höhe des durchschnittlichen Tagesverdienstes werden drei Vergehen bestraft: Thätlichkeiten gegen Mitarbeiter, erhebliche Verstöße gegen gute Sitte und Zuwiderhandlungen gegen Unfallverhütungs-Vorschriften." Auch die Strafgelderfonds versteht ein Unternehmer spekulativ zu verwerten. Es heißt in seiner Fabrikordnung: „Die Strafgelder werden zum Besten der Arbeiter und Arbeiterinnen der Fabrik verwendet; d. h. zu Weihnachtsgratifikationen für fleißige und pünktliche Arbeiter nach Ermessen des Arbeitgebers." Diplomatischer verfahren zwei associierte Arbeitgeber, die Herren M. & K., welche dem § 24 ihrer Fabrikordnung folgende Fassung gegeben haben: „Die Herren M. & K. sind zu ersuchen, die Oberaufsicht über diese

Kasse gefälligst übernehmen zu wollen." (Dieser Paragraph wirft ein Streiflicht auf die Selbständigkeit des Arbeiterausschusses!) In den meisten Fällen werden die Gelder aber zu einem Sommervergnügen verwendet.

Einzelne Bestimmungen werfen ein Streiflicht auf die wirtschaftliche Lage der Arbeiterinnen im Vergleich zu der ihrer Kollegen. So heißt es in verschiedenen Fabrikordnungen: „Arbeiterinnen und Lehrlinge oder Arbeitsburschen hinterlegen beim Eintritt eine Kaution von 1 Mark 50 Pfennig, welche bei rechtmäßiger Lösung des Arbeitsvertrages zurückgezahlt wird. Die Kaution wird event. vom Lohne einbehalten." Man gesteht hier indirekt zu, daß das weibliche Personal einen so geringen Lohn verdient, daß eine Kaution geboten erscheint, für den Fall daß etwas verunglücktes Material ersetzt werden müßte, andererseits scheint die Kaution ein Zwangsmittel zur Erhaltung des Arbeiterinnenstammes der Fabrik sein zu sollen, jedenfalls bedeutet sie eine Schutzmaßregel für den Unternehmer vor unrechtmäßiger Lösung des Arbeitsverhältnisses seitens des weiblichen Personals. Es mag notwendig sein, daß der Unternehmer freie Hand in der Annahme und Entlassung der Arbeitskräfte hat, jedenfalls sollte er aber auch bei der Entlassung nur rechtmäßig und human verfahren. Das geschieht jedoch nicht immer. Hier nur ein Beispiel: Eine Arbeiterin in einer Spitzenfabrik hatte nach den üblichen Accordsätzen in einer Woche 11 Mark verdient. Bei der Lohnung erklärte ihr der Chef, er zahle ihr nicht 11, sondern 9 Mark, die alten Accordsätze hätten keine Geltung mehr. Auf die Vorstellung der Arbeiterin, das hätte ihr doch vorher gesagt werden müssen, wurde ihr erwidert, daß sie die 2 Mark erhalten könne, aber auch ihre Bücher, d. h. Krankenkassenbuch und Invaliditätskarte, welche bei der Entlassung ausgehändigt werden.

Ein anderer Übelstand, unter dem häufiger weibliche Arbeiter zu leiden haben, als die männlichen, ist der Lohnabzug.

In einem Kartonnagenbetriebe wurde ich Zeugin, wie einer Arbeiterin, welche Kartons abgeliefert hatte, 5 Pfennig abgezogen wurden, „weil die Ecken genietet worden waren." Das Nieten der Ecken macht den Karton dauerhaft, bedeutet also einen Vorteil für den Käufer, eine Mehrausgabe für den Fabrikanten. Welche logische Verbindung aber zwischen dem Vorteil des Käufers und dem Nachteil der Arbeiterin bestand, habe ich nicht herausfinden können, es sei denn, daß der Lohnabzug die Mehrausgabe des Fabrikanten decken helfen mußte.

Regelmäßige Lohnabzüge (außer den gesetzlichen Versicherungsbeträgen) kommen bezeichnenderweise in Buchbindereien, wo das männliche Personal überwiegt und gewerkschaftlich organisiert ist, in keinem einzigen der 18 Betriebe vor; in der Kontobuchbranche nur in einem Betriebe, dagegen in je 3 Betrieben der Luxuspapier- und Kartonnagenbranche. Solch ein regelmäßiger Lohnabzug geht z. B. unter dem Namen „Reinigungsgeld" oder „Ordnungsgeld", wie auf dem beigedruckten Schema, der getreuen Nachbildung eines Lohnumschlags, wie er in einer Luxuspapierfabrik bei der Löhnung zur Anwendung kommt.

Papierwaren-Fabrik
.... Straße No. ....

Lohn für ......

6 Tage — Stunden

Davon geht ab:

Alt.- u. Inval.-Versicher. 10

Krankenkasse 22

Ordnungsgeld .... — 10

Strafen ....

Summa ....

bleiben Mark

Das Ordnungsgeld von 10 Pfennig pro Kopf gestaltet sich für die Unternehmer als Lohnabzug bei 100 Arbeiterinnen zu einer wöchentlichen Ersparnis von 10 Mark. Begründet wird der Abzug damit, daß für diesen Betrag die Reinigung der notwendigen Nebenräume erfolgt. Die Arbeitsräume reinigen die Arbeiterinnen selbst.

Auch aus einer Kartonfabrik sei ein regelmäßiger Lohnabzug berichtet. Zu einem solchen gestaltet sich der Brauch, nur in Silber oder Nickel zu löhnen, also keine einzelnen Pfennige auszuzahlen. Bei dieser Praxis wird der Betrag aber nicht nach oben, sondern nach unten abgerundet, d. h. für 54 Pfennige erhalten die Arbeiterinnen nur 50, für 79 nur 75 Pfennige.

Diese Beispiele mögen genügen, um zu zeigen, daß, so lange Lohnabzüge unter irgend welcher Form gestattet sind, Übergriffe seitens der Arbeitgeber vorkommen können. Hier wird man einwenden, daß Mißbräuche der fabrikherrlichen Gewalt nicht die Regel bilden, und daß dem Unternehmer Lohnabzug und Strafgeld unentbehrliche Zuchtmittel sind. Diesem Einwande steht aber die Thatsache gegenüber, daß viele Fabriken ohne Strafgeldertarif auskommen, und daß das Strafgelderwesen insonderheit in den Händen subalterner Vorgesetzter das bequemste und gefahrloseste Mittel ist, sich an unliebsamen Untergebenen zu rächen oder sie einen Machtkitzel fühlen zu lassen, von dem hin und wieder die Direktricen noch mehr befallen werden, als die männlichen Aufseher. Das **gesetzliche Verbot jedes Lohnabzuges** würde dem Personal ein Schutz sein, ohne das Interesse des Arbeitgebers zu gefährden, denn die schärfste Strafe, die über die Arbeitnehmer verhängt werden kann, die Entlassung, bleibt in den Händen des Chefs. Das Angebot an Arbeitskräften ist so groß, daß Entlassung auch für die tüchtige Arbeiterin eine wirtschaftliche Krise heraufbeschwören kann. In Krankheit- und Unglücksfällen bezieht sie Zuschüsse, gegen Entlassung, d. i. **Arbeitslosigkeit** ist sie nicht versichert. Im besten Falle sind Ersparnisse vorhanden und werden verzehrt, oder der bescheidene Besitz an Kleidern und Mobiliar wandert zum Pfandleiher. Eine Arbeiterin, welche gegen einen Lohnabzug Verwahrung einlegen wollte, würde sofort entlassen werden, ohne daß der Arbeitgeber dadurch seine Machtbefugnis überschritte, denn die gesetzliche Kündigungsfrist wird in den meisten Fällen durch die Fabrikordnung aufgehoben. In den meisten Fabriken wird gewohnheitsmäßig stillschweigend angenommen, daß die Entlassung jederzeit erfolgen kann, nur vereinzelt wird die Arbeiterin durch Unterschrift gezwungen, ausdrücklich auf Kündigung zu verzichten. Von den 72 Berliner Betrieben findet eine 14 tägige Kündigung statt in einer Buchbinderei, einer Luxuspapierfabrik und 2 Kontobuchfabriken; in einer Buchbinderei tritt nach 4 Wochen 14-tägige Kündigungsfrist ein, in einer Luxuspapierfabrik werden nur diejenigen Arbeiterinnen dieser Vergünstigung teilhaftig, welche 15 Mark wöchentlich verdienen. In zwei Betrieben besteht 7tägige Kündigung. Meistens erfolgt dieselbe bei der Löhnung.

Die Auszahlung des Lohnes findet an verschiedenen Tagen statt, in den meisten Geschäften am Sonnabend, in einigen am Freitag.

In großen Betrieben erfolgt auch wohl die Abrechnung Freitag Abend, die Zahlung am Sonnabend, eine Einrichtung, welche es den Arbeiterinnen ermöglicht, pünktlich das Geschäft zu verlassen, während in kleinen Betrieben Abrechnung und Löhnung am Sonnabend bei Geschäftsschluß erfolgt und dadurch der § 137 der Reichs=Gewerbe=Ordnung, welcher den Arbeiterinnen vor Sonn= und Festtagen einen frühen Feierabend sichern will, illusorisch gemacht wird. Das Personal der kleinen Betriebe klagt vielfach über späte Löhnung. „Die Letzten können eine Stunde und länger warten", berichtet eine Arbeiterin. Neben dieser Umgehung des § 137 der Reichs=Gewerbe=Ordnung finden wir auch direkte Übertretung desselben. Von zwei Buchbindereien, einem kleinen Luxuspapier= und drei Kartonnagenbetrieben wird gesagt, daß sie regelmäßig die einschlägige Vorschrift übertreten und die Arbeiterinnen erst um 7 Uhr mit dem männlichen Personal entlassen.

Der Mangel einer Kündigungsfrist ist ein Nachteil, von welchem einmal in gleicher Weise die männlichen Arbeiter getroffen werden, welche im übrigen im Vergleich zu den Arbeiterinnen verstanden haben, ihre Lage thatsächlich zu verbessern. Die Lohnunterschiede bei gleicher Beschäftigung zwischen männlichen und weiblichen Arbeitern sind so bedeutend, daß dieser Umstand allein die Nachfrage nach weiblichen Händen erklärt. Lassen wir einige Arbeiter die Frage selbst beantworten, ob männliche und weibliche Arbeiter bei gleicher Beschäftigung und gleicher Leistung verschiedenen Lohn erhalten. Ein Kontobucharbeiter schreibt auf dem Sammelbogen: „Die Arbeiterinnen erhalten weniger. Der Minimallohn des männlichen Arbeiters beträgt 19 Mark, der Durchschnittslohn der Arbeiterin 9 Mark 50 Pfennig".

Ein anderer Kontobucharbeiter:
„Frauen und Männer stanzen Titel auf der Vergolderpresse. Der Arbeiter bekommt 1 Mark pro 1000 Stück, die Arbeiterin 70 Pfennige. Die Arbeiter, welche liniieren, erhalten 27 Mark Wochenlohn, die Frauen, welche liniieren, 12—15 Mark."

Ein Werkführer aus der Luxuspapierbranche schreibt:
„Die Frauen erhalten rund 50 % weniger."

Ein anderer:
„Die schlechter bezahlten Sorten werden von Arbeiterinnen gemacht."

Und ein dritter:
„Männer und Frauen prägen Titel, Monogramme. Die Männer

verdienen im Accord 24 Mark, die Frauen im Wochenlohn 9 Mark 50 Pfennige."

Ein anderer:

"An den Vergolderpressen arbeiten männliche und weibliche Personen nur im Accord, und zwar werden die großen Sachen von den männlichen Personen gepreßt. Die Preise sind so gestellt, daß die Arbeiterinnen nur 10—12 Mark verdienen können, während die Arbeiter 21—27 Mark verdienen. An den drei Rollscheren arbeiten 2 Arbeiter und eine Arbeiterin, welche 9 Mark Lohn erhält, während die Arbeiter 21 und 20 Mark haben."

Ein Buchbinder schreibt:

"Wie alle Frauenarbeit sozusagen um die Hälfte billiger."

Ein anderer:

"Die Männer verdienen 18—20 Mark, die Frauen bei gleicher Beschäftigung 9—12 Mark, sie leisten aber bedeutend mehr. Eigene Erfahrung."

Eine Folge der geringeren Entlöhnung der Arbeiterin ist, daß diese versucht, ihre Einnahme zu steigern. Die Möglichkeit dazu giebt ihr die Heimarbeit. So geschieht es denn, daß die Arbeiterinnen, insonderheit die der jüngeren Altersstufen, Arbeit aus der Fabrik mit nach Hause nehmen und hier nach kurzer Abendpause mehrere Nächte in der Woche bis 2 oder 3 Uhr morgens durcharbeiten. Die Arbeiter erklären einstimmig, daß nur weibliches Personal auf diese Weise zuverdient, und daß die ersteren diese Unsitte zu bekämpfen suchen. Die Arbeiterin erhält für diese Arbeit nicht mehr, obschon sie ihre Nachtruhe opfern und Beleuchtung, Leim und Kleister stellen muß. Der tadelnswerte Brauch, Arbeit mit nach Hause zu nehmen, hat naturgemäß zu einem anderen Mißbrauch geführt: die mitgebrachte Arbeit weiterzugeben. Die Fabrikarbeiterin hat auch ihre Abnehmerin für die Arbeit, die sie mit nach Hause bringt, frühere Arbeiterinnen, die jetzt nur einen Nebenverdienst haben wollen. Diese erhalten nun nicht etwa den Betrag, welchen die Vermittlerin von dem Unternehmer erhält, denn sie will ihrerseits auch ihre Provision, ihren Unternehmergewinn haben, und dieser muß, entsprechend dem Charakter des Zwergbetriebes, ein unverhältnismäßig großer sein, größer jedenfalls als der des Fabrikchefs an ihrer persönlichen Leistung. Es ist die Regel, daß die Kundin, welche der Zwischenmeisterin Arbeit abnimmt, mit dieser letzteren den Gewinn teilt, für die gleiche Arbeitsleistung also nur 50% erhält. So hat sich auch in der Papierwaren-Industrie in kleinem Umfange ein Schwitzmeistersystem ausgebildet, dem man in der Buchbinderei am seltensten, in der Luxuspapier- und Kartonbranche am häufigsten begegnet, teils weil in diesen Branchen das weibliche Personal überwiegt, teils weil hier vielfach Arbeiten vorkommen, zu welchen das Material sich leicht transportieren läßt. Zu diesen Erzeugnissen, welche massenhaft bei Nacht als Hausarbeit angefertigt werden, gehören die Kotillonorden, Knallbonbons, Gratulationskarten mit Kolorier- und Glimmerarbeit. (Das Belegen der Karten mit feinem Glasstaub, dem Abfall aus Spiegelglasfabriken, wird „Glimmern" genannt.) Bei Arbeiten, welche umfangreiches Material oder die Hülfe der Maschine erfordern, verbietet sich die häusliche Anfertigung von selbst.

Zu den Arbeiten, welche von weiblichen Händen in der Papierverarbeitung gemacht werden, gehört das Numerieren der Buchseiten (paginieren genannt), falzen, perforieren, gummieren, anschmieren (leimen), liniieren, Bogen zählen, bändeln und packen, aufnadeln, beziehen (cachieren genannt), Blocks einfassen und aufkleben, etikettieren, prägen, pressen, stanzen, Bogen fangen und anlegen an Steindruckpressen, Bogen talkumieren, satinieren, bronzieren, Blonden an Papiermanschetten nähen, einfache und feine Kartons, Atrappen, Bonbonschachteln fertig machen, Briefbogen und Umschläge machen, sortieren, packen.

Zum Teil werden bei diesen Verrichtungen Maschinen zu Hülfe genommen, deren Benutzung keineswegs eine Erleichterung für die Arbeiterin bedeutet. Von schädlicher Wirkung müssen insonderheit die Maschinen mit Fußbetrieb sein, so z. B. die Nietmaschinen der Kartonbetriebe, eine Draht-Nähmaschine, welche mit dem rechten Fuße getreten wird. Da immer nur ein Stich erforderlich ist, um eine Ecke zu „nieten", so schneidet die Maschine nach jedem Stiche den Draht durch; jeder Tritt bewirkt erst den Stich, dann das Zerschneiden des Drahtes, wobei die Kraftleistung der Maschine als markerschütternder Stoß rückwirkt. So viel Ecken die Arbeiterin zu nieten hat, so vielmal muß sie treten und ebenso oft den Stoß der Maschine aushalten. Eine längere Beschäftigung weiblicher Personen an dieser Maschine muß ernstliche gesundheitliche Störungen bei der Betreffenden herbeiführen.

Diese hygienische Einzelheit führt uns zu einer Betrachtung der **sanitären Zustände der 72 Betriebe.**

IX.
Sanitäre Zustände.
Tabelle 21—22.

Die ersten Anforderungen an gesunde Räume sind Licht und Luft. In den größeren, eigens zu Fabrikzwecken errichteten Gebäuden ist für beides oft ausreichend gesorgt; in gemieteten Räumen und in den kleinen Betrieben, bei welchen es fraglich ist, ob sie unter den Begriff des fabrikmäßigen Betriebes fallen, herrschen zum Teil Zustände, welche als unzuträglich bezeichnet werden müssen. Klagen über schlechte Luft, mangelndes Licht oder Unsauberkeit enthalten:

alle Sammelbogen der Buchbindereien,
2 = = Kontobuchbranche,
8 = = Luxuspapierfabriken,
24 = = Kartonnagenbetriebe.

Hieraus folgern zu wollen, daß es um die Buchbindereien am schlechtesten bestellt sei, wäre verkehrt. Vermutlich trifft das Gegenteil zu: Das Personal der Buchbindereien ist am besten organisiert daher am widerstandsfähigsten; die bessere Lebenshaltung hat es empfindlicher gegen schlechte Luft gemacht. Am meisten scheinen die Arbeiterinnen aber unter Unsauberkeit zu leiden. Einige Klagen mögen wörtlich hier folgen. „Unter den Tischen bleiben Säcke mit Abfällen wochenlang liegen; in dem Staube sammelt sich das Ungeziefer," schreibt eine Kartonarbeiterin. Eine andere klagt: „In dem einzigen Raume, wo die sieben Frauen und drei Männer arbeiten, wird für Lüftung nicht gesorgt; so ist den ganzen Tag eine schlechte, heiße, stickige Luft. Das Pappen= und Papierlager befindet sich in der Küche, wo von früh morgens bis Mittag Windeln und anderes unreines Bettzeug getrocknet wird. Ein Fenster besitzt die Küche nicht, und so strömt der Dunst in den Arbeitsraum. Zu dieser schlechten Luft trägt noch der Umstand bei, daß die Lagerstätte des Hundes sich in demselben Raum befindet. Kommt man des Morgens nach Arbeit, so muß man sich vorsehen, daß man nicht in den Unrat tritt. Der Unrat wird dann nicht einmal ordentlich entfernt." Eine dritte bittet: „Ich habe nur die Bitte, daß man doch mal das Waschwasser ansehen möchte, worin wir uns waschen müssen, in der Leimbütte, da ist man schon rein, wenn man es nur ansieht." Ganz abgesehen davon, daß die Arbeiterinnen dieser Werkstube entweder das Bedürfnis nach Reinlichkeit verlernen oder jeden Tag des öfteren ihren Ekel vor dem schmutzigen, übelriechenden Wasser überwinden müssen, sei noch darauf hingewiesen, daß das Wasser der großen Bütte, in welcher die Leimtafeln aufgeweicht werden, von den ätzenden Substanzen aufnimmt, mit welchen der Leim behandelt wird. Das Waschen der Hände in diesem Leimwasser ist zwecklos, wenn die Hände nicht scharf gerieben werden, da sonst der an den Fingern getrocknete Leim sich nicht ablöst, und wenn nun die Hände mit diesem Wasser bearbeitet werden, ist wieder der schädliche Einfluß der ätzenden Bestandteile unvermeidlich, besonders wenn eine kleine Wunde an der Hand ist. Es wäre wahrlich keine unbescheidene Forderung, wenn die Arbeiterinnen, welche mit Leim hantieren müssen, 2mal am Tage warmes, reines Waschwasser und den Luxus eines wöchentlich wechselnden Handtuchs für 2 Personen beanspruchen dürften. Unter den 72 Betrieben sind 10, welche die Wohlthat eines Handtuchs ihren Arbeiterinnen gewähren; in den übrigen Werkstuben nimmt man diese Rücksicht nicht. Da giebt es Werkstuben, in denen für 15 Personen 1 Handtuch wöchentlich geliefert wird, welches natürlich schon am ersten Tage von Leim und Schmutz starrt, so daß die Arbeiterinnen gezwungen sind, sich selbst ein Handtuch mitzubringen; auch fordert man die Arbeiterinnen von vornherein auf, sich ein Handtuch mitzubringen, oder man liefert eins gegen Bezahlung oder Lohnabzug von 12 Pfennigen die Woche. In andern Betrieben wieder liefert eine Verleihanstalt Handtücher für 10 Pfennige pro Woche das Stück. Am verwunderlichsten ist die Einrichtung zweier Betriebe, daß die besser bezahlten männlichen Arbeiter zu dreien ein Handtuch geliefert bekommen, die Arbeiterinnen sich ein solches aber selbst halten oder mieten müssen.

Noch bedenklicher als die Klagen über mangelnde Waschgelegenheit sind die Urteile über das Trinkwasser in 2 kleinen Betrieben. Während die meisten Sammelbogen sagen: Das Trinkwasser ist gut oder „vorzüglich" oder „ganz genügend", berichtet ein Bogen, daß das Wasser vom Hofe geholt werden müßte und „faulig stinkt", so daß man es vor Ekel nicht trinken könnte. Während dieser Mangel aber nur in 2 Betrieben vorhanden zu sein scheint, klagt das Personal in 30 Betrieben über gänzlich ungenügende Anlage der Bedürfnisanstalten. Aus einer Werkstube wird berichtet: „Wiederholt sind Arbeiterinnen von dem Geruche ohnmächtig geworden". Diese Infektionsherde befinden sich in engen Straßen. Daß nicht der Wunsch, möglichst viele Klagepunkte zu finden, die Arbeiterinnen zu abfälligem Urteil bewegt, erhellt aus der Thatsache, daß andere Bogen gegensätzliche Urteile ohne alle Einschränkung enthalten. So schreibt eine Arbeiterin: „In unserer großen Fabrik sind die Bedürfnisanstalten musterhaft". Ein anderer Sammelbogen sagt: „Man kann sich's nicht besser wünschen," ein dritter: „Ganz tadellos," ein vierter: „Peinlich sauber," ein fünfter: „Hell, luftig, sauber und für Männer und Frauen getrennt." Diese letztere Mitteilung könnte nur für eine kleine Anzahl von Betrieben wiederholt werden.

Daß Mißstände, wie die hier erwähnten, bestehen können, beweist, daß die Gewerbeinspektion nicht durchgreifen kann; technische Aufgaben nehmen die Inspektoren überwiegend in Anspruch. Von den 72 besprochenen Betrieben wurden 1894 nur 32 inspiziert, nämlich 11 Buchbindereien, 5 Kontobuchfabriken, 8 Luxuspapier- und 8 Kartonnagefabriken; demnach entgingen 55 1/2 Prozent der Betriebe jeglicher Aufsicht. Die Vermehrung des Aufsichtspersonals und zwar — in Hinsicht auf die wachsende Zahl der Arbeiterinnen — durch weibliche Personen ist eine Notwendigkeit.

Zu der Untersuchung der sanitären Zustände des Betriebes kann man füglich auch die Frage nach den Umständen rechnen, unter welchen die Arbeiterinnen ihr Mittagessen einnehmen können. Diejenigen, welche nicht zu entfernt wohnen, ziehen vor, daheim zu essen, sie gehen auch vereinzelt in eine Volksküche, die meisten aber bleiben in der Fabrik. Als ein großer Vorzug wird es angesehen, wenn man sich Essen bringen lassen kann. Wie rücksichtslos aber vereinzelt selbst dieser bescheidene Genuß den Arbeiterinnen gekürzt wird, besagt der § 15 einer Fabrikordnung mit dem Satze: „Das Mittagessen ist, falls dasselbe zugetragen wird, am Eingange in Empfang zu nehmen." Es kommt auch vor, daß Arbeiterinnen, welche bei Geschäftsschluß schnell nach Hause wollen, in der Mitagspause fegen und putzen, so daß die andern ihr Mittagbrot inmitten des Staubes und Zuges essen müssen. Ein besonderer Raum zum Essen ist nur in 5 der 72 Betriebe vorhanden, in allen übrigen wird im Arbeitsraum gegessen. Eine Fabrik hat die Trennung des männlichen und weiblichen Personals in der Mittagspause eingeführt. Nur in 3 Fabriken ist ein besonderer Raum zum Kochen vorhanden, in einer großen Luxuspapierfabrik steht den Arbeiterinnen mittags heißes Wasser zum Kaffeekochen zur Verfügung, in einer anderen ist im Keller in einem Maschinenraume eine Vorrichtung zum Wasserkochen. Die übrigen Fabriken könnte man füglich einteilen in solche, welche Erleichterung oder Beihülfe zur Bereitung des nötigen Essens verweigern, und in solche, welche den Arbeiterinnen erlauben, die vorhandenen Gaseinrichtungen mittags zum Kaffeekochen zu benutzen. Zu der erst genannten Klasse gehören die Betriebe, welche verlangen, daß die Arbeiterinnen eine Spiritusmaschine mitbringen, wenn sie überhaupt mittags warmen Kaffee haben wollen, und die Benutzung des Gasapparats streng verbieten. Da nun nicht jede Arbeiterin eine Spiritusmaschine hat, auch die tägliche Ausgabe für Spiritus scheut, so bringen die Betreffenden den Kaffee in der engen, hohen Henkelkanne, das „Fabrikwappen" genannt, fertig von Hause mit und trinken ihn mittags und nachmittags kalt. In den Betrieben, in welchen die Benutzung des Gasapparats erlaubt ist, nehmen alle etwas Warmes zu sich. Die Nahrung besteht aus: Kaffee oder Kakao, Bier, Brot, belegter Stulle, Schrippen, Backware (Konditorwaren), welche nicht mehr ganz frisch und daher billiger ist, Hering, Wurst.

Wir stoßen auch auf schüchterne Versuche genossenschaftlichen Vorgehens. So kocht in 4 Betrieben je eine Arbeiterin den Kaffee für alle, für die Mühwaltung erhält sie von der Person wöchentlich 5 Pfennige. Auch einen Konsumverein im embryonalen Zustande finden wir; das weibliche und männliche Personal einer großen Luxuspapierfabrik hat einen solchen mit Hülfe der Fabrikleitung eingerichtet, der Chef giebt Raum und Beleuchtung, Einkauf und Verkauf besorgt der von den Vereinsmitgliedern erwählte Ausschuß Zum Verkauf kommt kalter Aufschnitt, „Wurst von 6 Pfennig an," Kakao, Kaffee, Bier. Auch Nichtmitglieder kaufen, die Dividende wird aber nicht nach der Höhe des Einkaufs, sondern gleichmäßig unter diejenigen Mitglieder verteilt, welche 2 Mark eingezahlt haben.

In einem anderen Betriebe finden wir eine Kantine, welche gleichfalls von einem Arbeiterausschuß geleitet wird. Der Chef giebt den Raum und das Gas zur Beleuchtung und zum Kaffeekochen frei. Der Ausschuß hat zur Besorgung der Einkäufe eine Frau angestellt, welche sich aus der Provision, die sie erhält, bezahlt macht. So liefert ihr z. B. die Brauerei die Tonne Bier, welche 21 Mark kostet und zu diesem Betrage gebucht wird, zu 20 Mark. Die Wahl der Bezugsquellen schreibt allein der Ausschuß vor. Der Preis der verkauften Ware ist nicht billiger, als im Restaurant, $^{4}/_{10}$ Liter Bier kosten 10 Pfennige, eine belegte Stulle 15 Pfennige, eine Portion warmes Fleisch und Gemüse 30 Pfennige. Der erzielte Überschuß wird zu einem Sommer- oder Wintervergnügen verwendet, wenn die Unterstützung kranker Mitglieder ihn nicht verschlungen hat.

Eine Kantine mit bezahlter Verwalterin finden wir in einem

andern Betriebe (Luxuspapierfabrik). Der Arbeiterausschuß schreibt auch hier die Bezugsquellen vor und kontrolliert die Ausgabe und Einnahme. Die Verwalterin erhält für ihre Mühe 12 Mark wöchentlich. Der Überschuß gelangt nicht zur Verteilung, sondern wird zur Unterstützung erkrankter Mitglieder und zu einem Ausfluge verwendet. Das gesamte Personal entnimmt seinen Bedarf aus der Kantine. Zu haben sind warme und kalte Speisen und Getränke, Kaffee, Milch, Bier, belegte Stullen, Eier, Wurst, Käse, Schinken, Pökelfleisch, Heringe, Räucherwaren, Brot und Konditorwaren. Die Preise stellen sich wie folgt:

Tasse Kaffee 5 Pfennige oder 10 Pfennige,
Tasse Milch 5 Pfennige,
Stulle mit Wurst, Käse, Pökelfleisch 10 Pfennige,
Stulle mit Schinken oder frischer Wurst 10 Pfennige,
Rollmops 5 Pfennige,
Saurer Hering 10 Pfennige,
Salzhering 10 Pfennige,
1 Ei 5 Pfennige,
1 Brötchen mit Butter 5 Pfennige,
2 Brötchen ohne Butter 5 Pfennige,
Konditorwaren Stück 5 oder 10 Pfennige,
1 Flasche Bier 10 Pfennige.

Das Mittagessen für den folgenden Tag bestimmt der Ausschuß am Abend vorher. Es giebt gewöhnlich zweimal in der Woche Brühsuppe, einmal Karbonnade mit Kartoffeln, einmal Schmorfleisch mit Kartoffeln, einmal Gemüse, einmal Hering mit Kartoffeln. Die Portion kostet mit Fleisch 35 Pfennige, ohne Fleisch 20 Pfennige.

Die drei geschilderten Versuche gemeinsamen Vorgehens sind als gelungen zu betrachten, Arbeiter und Arbeiterinnen sind damit zufrieden.

In zwei Betrieben hält die Pförtnerin einen Mittagstisch, „welcher aber für die Arbeiterinnen zu teuer ist," wie der Bericht sagt: Die Portion kostet 30 Pfennige, dafür erhält man Fleisch, Gemüse, Kartoffeln, Kompott. Eine andere Pförtnerin giebt für 30 Pfennig eine halbe Portion, bestehend aus Suppe, Fleisch, Gemüse, Kartoffeln, ein Mittagessen, welches sich aber wiederum nur die männlichen Arbeiter neben vereinzelten Arbeiterinnen gestatten können. Die große Masse der letzteren lebt, wie wir schon hörten, von Kaffee und Schrippen, ein Mittagessen, welches als durchaus ungenügend bezeichnet werden muß. Es enthält nicht die 60 Gramm Eiweiß, welche nötig sind, soll eine Mittagsmahlzeit eine Kräftigung, nicht nur eine Sättigung sein. Ein Arbeiter urteilt über die Ernährungsweise seiner Mitarbeiterinnen wie folgt: „Die Arbeiterinnen leben fast nur von Kaffee oder Kakao, aber so schlecht ist es manchesmal, daß es nicht zum Trinken ist. Abends kochen sie Gemüse und Kaffee oder was von Mittag übrig bleibt, die Nahrung würde einen Mann in 8 Tagen arbeitsunfähig machen."

Schließlich sei noch die Thatsache erwähnt, daß in einer großen Fabrik in dem einen Saale, wo Leim gekocht wird, die Arbeiterinnen sich mittags Kaffee kochen dürfen, in dem andern, wo nicht Leim gekocht wird, aber nicht!

Wir kommen zu dem Schlusse, daß selbst die Erfüllung der billigen Forderung, mittags nach anstrengender Arbeit etwas Warmes zu genießen, in dem Leben der Arbeiterin thatsächlich von dem Zufall abhängt, ob sie einen billig und human denkenden Arbeitgeber hat oder nicht.

Vergegenwärtigen wir uns den Inhalt dieses Kapitels und rechnen wir dazu, daß die Arbeiterinnen fast durchgehends ungenügend von klein auf genährt, in einem großen Prozentsatze in Betriebe eintreten, deren sanitäre Beschaffenheit unzulänglich ist, so wird es nicht Wunder nehmen, wenn wir aus dem Material der Ortskrankenkasse ersehen, daß der Gesundheitsstand ein schlechter ist. Von der durchschnittlichen Mitgliederzahl des Jahres 1894: 3351 erhielten 1172 (35 1/2 Prozent) Krankenunterstützung; achtzehn verstarben. Bezeichnenderweise sind die am häufigsten auftretenden Krankheiten: Blutarmut, Magenkrankheiten, Unterleibsleiden.

Folgende Tabellen geben Auskunft über die am häufigsten vorkommenden Krankheiten und die Todesursachen. Krankheiten, welche vereinzelt auftraten, sind nicht erwähnt:

Tab. 21.

Erkrankungen der weiblichen Mitglieder der Ortskrankenkasse der Buchbinder und verwandter Gewerbe im Jahre 1894

Blutarmut	159 Fälle	Augenkrankheiten	24 Fälle
Unterleibskrankheiten	148 =	Herzleiden	22 =
Magenkrankheiten	142 =	Fehlgeburten	22 =
Lungenkrankheiten	106 =	Nervenleidende	19 =
Rheuma	81 =	Krampfadern	16 =
Halskrankheiten	81 =	Mandelentzündung	15 =
Verletzungen	63 =	Wochenbetterkrankung	12 =
Bronchialkatarrh	42 =	Geschlechtskrankheiten	7 =
Influenza	27 =		

Durchschnittliche Mitgliederzahl 3351.

Tab. 22 a.

Es verstarben im Jahre 1894 an	
Lungenleiden	5 Arbeiterinnen
Herzleiden	4 =
Unterleibsleiden	2 =
Wochenbett	2 =
Schlaganfall	1 =

An akuten Krankheiten verstarben 3 Arbeiterinnen; eine endigte als Selbstmörderin durch Gift.

Tab. 22 b.

Von den Verstorbenen standen im Alter von					
17—20	20—25	25—30	30—40	40—50	über 50 Jahren
6	6	1	3	2	—

X.

Sittliche Zustände. § 120 b der Reichsgewerbeordnung. Vereinswesen.

Tabelle 23.

Der § 120 b der R.=G.=O. schreibt ausdrücklich die Beobachtung der guten Sitte vor. Um Anstand und Sitte zu wahren, fordert er getrennte Ankleideräume für Männer und Frauen. Von den 72 untersuchten Betrieben haben deren nur 21. Ein Sammelbogen berichtet: „Die Mädchen kriechen in einen Schrank." Ein anderer sagt: „Sie ziehen sich hinter der Klosettthür um." Wie wenig Bedeutung die Arbeitgeber hin und wieder der Verletzung des Schamgefühls der Arbeiterinnen beilegen, darüber kann ich als Augen= und Ohrenzeugin berichten. Eine ältere Arbeiterin, welche seit 5 Jahren in demselben Betriebe thätig war, erzählte mir, sie sei beim Chef vorstellig geworden, er möge doch die große Gardine, hinter welcher das Zeug geborgen wird, so weit vorrücken lassen, daß man sich dahinter umziehen könne, das koste ja nicht alle Welt. Dieser würdige Mann hätte aber erwidert: „Haben Sie sich doch nicht so, wir gucken Ihnen schon lange nichts ab." Vor besagtem Vorhang kleiden sich nach wie vor sämtliche Arbeiterinnen um, darunter die Mehrzahl „Jugend=

liche", und während dies geschieht, gehen Chefs, Werkführer, Arbeiter nach Belieben vorüber. Dieser Mangel an Rücksicht artet häufiger, als man denkt, in die skrupelloseste Unsittlichkeit aus. Ein Arbeitgeber hat seine feste Taxe für Gefälligkeiten der Arbeiterinnen und teilt ihnen dieselbe in schamloser Dreistigkeit mit. Inhalt und Form entziehen sich der Wiedergabe an dieser Stelle. Der Fabrikant .... trieb es so arg, daß endlich die Gewerkschaft der Buchbinder und verwandter Geschäftszweige in öffentlichen Versammlungen sich mit diesem Betriebe beschäftigte und, nachdem die Thatsachen festgestellt waren, am 17. Oktober 1894 mit folgender Resolution den Weg der Selbsthülfe beschritt:

„In Erwägung der Thatsache, daß die Zustände in der Kartonfabrik von .... besonders in sittlicher Hinsicht äußerst schlechte sind, namentlich da der eine Teilhaber, ..., an die Arbeiterinnen Anforderungen stellt, die schamlos genannt werden müssen, beschließt die heute im Bußschen Saale tagende öffentliche Versammlung der Arbeiter und Arbeiterinnen der Kartonbranche, über die genannte Fabrik die Sperre zu verhängen. Die Versammlung warnt die Frauen und Mädchen in ihrem eignen Interesse vor Annahme von Arbeit in dieser Fabrik und macht die Ehemänner, sowie die Eltern junger Mädchen auf die Gefahren aufmerksam, die ihren Frauen resp. Töchtern in sittlicher Beziehung in jener Fabrik von Seiten des genannten Fabrikanten drohen."

Fünf Monate später wurde eine andere Berliner Firma gesperrt, nachdem wiederum die Gewerkschaft der Buchbinder 2c. in öffentlicher Versammlung den Betriebsleiter unsittlicher Handlungen bezichtigt und bei gleicher Gelegenheit auch Mißstände in den Arbeitsverhältnissen dieser Fabrik ans Licht gezogen hatte. In der Versammlung wurde festgestellt, daß die „Falzerinnenschule" dieses Betriebes nichts als eine geschickte Ausbeutung jugendlicher Arbeitskräfte ist. Eine Arbeit, welche die Eintretenden in wenigen Stunden lernen, mußten sie sechs Wochen lang ohne Bezahlung leisten auf das Versprechen hin, am Ende der Lehrzeit 20 Mark die Woche verdienen zu können. Dies Versprechen erfüllte sich aber nicht.

Die Einladung zu der Versammlung geschah durch Zettel, welche am Ausgange der Fabriken verteilt wurden, sowie durch Einrücken in den „Vorwärts". Die Zettel enthielten die vollen Namen und hatten folgenden Wortlaut:

Donnerstag, den 21. März, abends 8½ Uhr:
Große öffentliche Versammlung
aller der in Buchbindereien beschäftigten Arbeiter und Arbeiterinnen
bei Deigmüller, Alte Jakobstraße 48a.

Tagesordnung:

„Die unsittlichen Handlungen des Herrn . . . . . . (in Firma . . . . . . & Co.) und die sonstigen Mißstände daselbst."

Zu dieser Versammlung sind besonders die Kolleginnen eingeladen. Es gilt hier, die Mißstände eines Betriebes zu besprechen, dessen Chef nicht nur die Arbeitskraft durch eine vier- bis sechswöchentliche Lehrzeit ausnützt, sondern auch die Gemeinheit besitzt, die Ehre unserer Kolleginnen zu schänden.

Der Vertrauensmann

F.... B......, Waldemarstr. 64, Quergeb. IV.

Das gerichtliche Verfahren gegen diesen letztgenannten Fabrikanten ist nach erfolgter Anzeige eingeleitet, aber wieder eingestellt worden, weil man „der Hauptbelastungszeugin nicht Glauben schenkte". Der erstgenannte Arbeitgeber ist ebenfalls der wohlverdienten Strafe entgangen, denn wo kein Kläger ist, ist auch kein Richter. Zwei Arbeiterinnen hatten den Mut gefunden, eine Klage anzustrengen, ein geschickter Vermittler hat es aber verstanden, die Klägerinnen durch ein Geschenk von je 20 Mark zu bewegen, den Strafantrag zurückzuziehen. Die Polizeibeamten, welche der öffentlichen Versammlung beigewohnt und die schwere Anschuldigung gegen den betreffenden Fabrikanten gehört hatten, haben sich nicht berufen gefühlt, den öffentlichen Ankläger darauf aufmerksam zu machen.

Das Verhalten der beiden Arbeiterinnen ist höchst tadelnswert, wirft aber auch ein Streiflicht auf ihre wirtschaftliche Lage. Wie muß es um dieselbe bestellt sein, wenn die Frauen um 20 Mark eine Anklage widerrufen, welche den Räuber ihrer Ehre treffen soll! Die wirtschaftliche Schwäche der Arbeiterinnen hatte dem Verführer den Weg gebahnt, er hatte den Frauen Vorschuß gegeben, welchen sie nicht zurückzahlen konnten; nun benutzte er seine Überlegenheit zum zweiten Male, um die Frauen mundtot zu machen und sich dem Richter zu entziehen.

Aber nicht nur einzelne gewissenlose Chefs nutzen die wirtschaftliche Abhängigkeit der Arbeiterinnen aus, häufiger kommt es vor, daß ihre Vertreter sich ihre Machtstellung zu nutze machen. In fünf Betrieben klagen die weiblichen Personen über die Zudringlichkeit der Arbeiter in bevorzugter Stellung. Hat eine von ihnen den Mut, den Mann zurückzuweisen, so büßt sie die Widerspenstigkeit durch verringerte Einnahme; er teilt ihr Arbeiten zu, die zeitraubend sind und schlecht bezahlt werden, stellt sie auch wohl an einen schlechten Platz, an dem sie von Hitze oder Zug zu leiden hat, kurz er schikaniert sie, bis sie mürbe wird, oder bewirkt kurzer Hand ihre Entlassung.

Häufiger noch als die Klagen über unsittliche Anträge sind die Beschwerden über schlechte Behandlung. Von 8 Arbeitgebern und 14 Werkführern werden unflätige Reden berichtet, welche dem von der G.=O. erstrebten Geiste gröblich widersprechen und hier nicht wieder= zugeben sind. In sechs Personalbogen eines Kartonbetriebes wird daneben noch von einer besonders rohen Behandlung eines unglück= lichen Krüppels gesprochen. "Es ist nicht zum Ansehen," schreibt eine Frau, "wie der Werkführer die Verkrüppelte behandelt."

Die Schwierigkeiten, welche den Arbeiterinnen durch einzelne rohe oder sittenlose Vorgesetzte bereitet werden, sind als tägliches Kreuz der wehrlosen Frauen wahrlich nicht gering anzuschlagen oder, wie dies vielfach beliebt wird, durch den Hinweis abzu= schwächen, daß von einer puritanischen Moral unter ihnen nicht die Rede sein könne. Wer diesen Einwand geltend machen will, möge bedenken, daß der Begriff des Vorgesetzten mit dem Rechte, zu befehlen, unabweislich die Pflicht verbindet, das gute Beispiel zu geben, eine Auffassung, welcher hin und wieder in erfreulicher Weise in den Entscheidungen des Gewerbegerichts Ausdruck gegeben wird[1]. Die Fehler der Untergebenen rechtfertigen niemals die Fehler der Vorgesetzten.

Daß die Arbeiterinnen im Punkte der Moral vielfach fehlen, dafür hat die Tabelle 15 den Beweis erbracht, indem sie uns mit dem Prozentsatze der ledigen Mütter bekannt machte. Stimmt dieser Prozentsatz mit der Schilderung, welche Tacitus von der altgerma= nischen Jugend entwirft, nicht überein, so berechtigt er uns anderer= seits nicht, die Klasse der Arbeiterinnen allgemein als eine unsittliche hinzustellen, wie dies hie und da geschieht. Wir kennen nicht die Geschichte dieser jugendlichen Personen, kennen ihre Lage und vor allen Dingen ihre Verführer nicht, welche als die Stärkern in erster Linie verantwortlich zu machen sind, auch können wir nicht entscheiden, ob Leichtsinn oder Not den Fehltritt veranlaßte.

Es ist ein Irrtum, zu glauben, daß die Arbeiterinnen keinen Maßstab für die Beziehungen der Geschlechter hätten; sie machen in der That einen Unterschied zwischen der Prostitution und allen Be=

---

[1] Siehe die Gerichts=Zeitung in der Nr. des Vorwärts vom 15. Februar 1895.

ziehungen, welche dieselbe streifen, oder einem vorehelichen Liebesverhältnisse. Ersteres gilt für einen Makel, letzteres nicht. Von der Verwerflichkeit der Prostitution sind Arbeiter wie Arbeiterinnen durchaus überzeugt; wenn sie dennoch bei den Opfern dieses Lasters in den meisten Fällen thatsächlich mehr das Unglück, als die eigene Schuld betonen, so ist das nicht sowohl die Folge eines Mangels an sittlichem Urteil, als der Thatsache, daß sie in vielen Fällen die wirtschaftliche Zwangslage der weiblichen Personen als greifbare Ursache vor Augen haben. Vor ihren Augen und Ohren vollzieht sich z. B. die Tragödie, daß Arbeiterinnen bei Beginn der flauen Zeit entlassen werden, vergeblich Arbeit suchen und schließlich in Verzweiflung den Weg des Lasters einschlagen. In Fällen, wo eine Zwangslage ausgeschlossen war, habe ich Männer wie Frauen mit unverhohlener Mißbilligung von Mädchen sprechen hören, die im Verdachte eines unehrlichen Nebenverdienstes standen, und in den Fachvereinsversammlungen, welche sich mit Sittlichkeitsfragen beschäftigten, wurde der Auffassung, daß auch Schwäche und Leichtsinn dem Verführer den Weg bahnen, und daher Zucht und Strenge gegen sich selbst Not thue, wiederholt und mit großem Ernste Ausdruck gegeben und die nachdrückliche Ermahnung für die Arbeiterinnen daran geknüpft, ihre weibliche Würde zu wahren und ein sittliches Leben zu führen.

Dieser sittlich tragende Einfluß der Gewerkschaft kann nicht hoch genug angeschlagen werden. Für Zugezogene, von der Familie Losgelöste, für Schlafmädchen ist der Verein vielleicht der einzige Halt, der ihnen auch zugleich Schutz und Anregung gewährt; für diejenigen, welche im engen häuslichen Kreise leben, ist er eine Schule, welche sie zu Gemeinsinn und Verständnis für ihre Lage, den ersten Erfordernissen zu einem erfolgreichen, gemeinsamen Kampfe um verbesserte Lebensbedingungen, erzieht. Der Gemeinsinn der organisierten Arbeiterinnen bethätigt sich äußerlich durch Zahlung des wöchentlichen Beitrags von 15 Pfennigen und größeren Opfern bei Streiks oder Aussperrungen; den Bierboykott 1894 unterstützten die weiblichen Mitglieder des Fachvereins ohne Rücksicht darauf, ob sie der socialdemokratischen Partei angehörten oder nicht. An Mitgliederbeiträgen brachten die dem Verbande angehörigen 325 weiblichen Arbeiter im Jahre 1894 562 Mark 5 Pf. auf, ein Betrag, der angesichts ihrer Einnahme ihre Opferwilligkeit besser beweist, als Worte. An praktischen Vorteilen bietet der Verein dafür die wöchentlich einmal erscheinende Buchbinderzeitung, welche belehrende wirt-

schaftliche und rein fachliche Artikel, sowie einen unterhaltenden Teil
bietet, den Arbeitsnachweis, eine Bibliothek, welche jeden Sonnabend
Abend geöffnet ist und viel benutzt wird, belehrende Vorträge und
verschiedene Festlichkeiten im Laufe des Jahres. Weit höher als
diese Vorteile ist aber neben dem schon erwähnten sittlich tragenden
Einflusse die erziehliche und die schützende Wirkung der Organisation
anzuschlagen.

Der erziehende Einfluß des Vereins zeigt sich auch äußerlich.
Die Versammlungen verlaufen teils ruhig, teils angeregt, immer
aber würdig. In den Debatten tritt das höhere geistige Niveau
der Männer deutlich zu Tage, obschon einzelne Frauen sie an Zungen=
fertigkeit übertreffen. Vorschnell würde es aber sein, aus dieser That=
sache auf eine höhere Veranlagung der Männer zu schließen. Die Arbei=
terinnen entwickeln sich unter erschwerenden Umständen. Sie haben in
den Fabriken die längste Arbeitszeit, sind durch ungenügenden Lohn viel=
fach zu Überstunden und Heimarbeit genötigt und nach der Heirat
in großem Prozentsatze von Familiensorgen ausgefüllt. Bei den
jungen Mädchen ist auch noch eine erklärliche Lebenslust in Anschlag
zu bringen; die angestrengte, einförmige Fabrikarbeit ruft in dem
mpfindlichen Organismus eine Reaktion hervor, ein gesteigertes Ge=
nußbedürfnis, welches das geistige Leben — so auch das Interesse für
den Fachverein — beeinträchtigt. Auf eine ähnliche Reaktion ist
auch zum Teil die lebhafte Freude an buntem Putz zurückzuführen.
Die öde, meist garstige Umgebung in der Fabrik, die häßliche Enge
der eigenen Wohnung oder Schlafstelle erhöht das Verlangen nach
etwas, das sie als schön empfinden und das dem Auge wohlthut. Dies
Bedürfnis können sie in ihrer wirtschaftlichen Enge nur durch billigen
Putz befriedigen. Für bunten Tand geben die jungen Arbeiterinnen
lieber Geld aus, als für die Gewerkschaft oder für gute Nahrung.
Da sie von letzterer nur Sättigung verlangen, zwischen Sättigung und
Kräftigung keinen Unterschied machen, liegt ihnen der Gedanke fern,
daß sie gegen den eignen Körper sündigen, indem sie sich schlecht er=
nähren, aber fein kleiden. Zum Teil putzen sich die Arbeiterinnen
aber auch, ganz wie die weibliche Jugend anderer socialer Klassen,
in der bewußten oder unbewußten Absicht, zu gefallen. Indem sie
gefällt, kann die Arbeiterin zu einer Heirat kommen und damit das
große Ereignis erleben, welches ihrem Dasein, wie sie hofft, eine
entscheidende Wendung giebt. Bemerkenswert ist, wie der Hang zu
äußerem Tand unter dem Einflusse der Organisation abnimmt; in
den Versammlungen der Gewerkschaft fallen geputzte Frauen auf; die

ständigen Besucherinnen, unter denen auch die Siebenzehnjährigen vertreten sind, kleiden sich sorgfältig, aber einfach. Sie folgen den Verhandlungen oder Vorträgen zum Teil mit gespannter Aufmerksamkeit. Neben der Rednerin, die sich Notizen macht und in der Diskussion über wirtschaftliche Dinge spricht, ist die Weiblichkeit in den verschiedensten Typen vertreten, neben der witzigen Schlagfertigkeit fehlt weder der strenge Ernst, noch die Sinnigkeit. Wir finden unter diesen weiblichen Vereinsmitgliedern strebsame Naturen, welche in den Pausen der Fabrikzeit und in den Abendstunden ihre Schulbildung erweitern und einen tadellosen Brief schreiben. Das Urteil der älteren Arbeiter über diese weibliche Jugend lautet dahin, daß sie, wenn die Bedeutung der Kampfesorganisation einmal erfaßt worden ist, treue und zum Teil eifrige Mitglieder werden.

Aber auch unter den nicht organisierten Arbeiterinnen erwacht bisweilen ein elementarer Bildungsdrang, es ist, als ob der Schulzwang, dem eine Reihe von Generationen unterworfen gewesen ist, zu wirken beginnt. Sie fragen in den Pausen der Fabrikzeit nach Büchern oder Zeitungen bei Bekannten umher; der Kolporteur kommt ihnen entgegen und verspricht, sie zu befriedigen. Er versucht in jedem Betriebe, seine Schundware anzubieten, deren Verleger Hunderttausende aus den Groschen der Arbeiter und Arbeiterinnen ansammelt. In den nicht verschlossenen Betrieb gelingt es ihm, einzudringen. Mit einem grausigen Titelbilde in grellen Farben wird dann die Neugier gereizt und für einige Groschen befriedigt. Aber statt eines geistigen Brotes hat die Arbeiterin einen Stein gekauft. Wie dankbar würden diese Betrogenen für Anregung und Belehrung sein!

Eine Betrachtung des Familienlebens der Arbeiterinnen würde über den Rahmen der vorliegenden Untersuchung hinausführen. Es sei nur kurz darauf hingewiesen, daß man der Arbeiterfrau nicht gerecht wird, indem man das Leben der bürgerlichen Frau zum Maßstabe ihrer häuslichen Tugenden anzieht, denn ihr Familiensinn hat in vielen Fällen härtere Proben zu bestehen, als der der bürgerlichen Frau. Den arbeitslosen Mann wochenlang erhalten, vielleicht den Unterhalt der ganzen Familie im Schweiße des Angesichts erwerben und dabei noch die Beschwerden ertragen, welche die Mutterschaft auferlegt, das ist wirklich eine härtere Probe für Liebe und Aufopferungsfähigkeit, als sie nur einer von tausend Frauen anderer Klassen auferlegt wird. Eine Frau beantwortete die Frage, ob sie andere unterstützen muß, also: „Mein Mann liegt seit zwei Jahren, ich habe steife Finger, vier Kinder zu erhalten." Auch die Kindesliebe wird häufiger zu Opfern herangezogen, als in bürgerlichen Kreisen; 198 unverheiratete Arbeiterinnen gaben an, daß sie Eltern oder Geschwister unterstützen. Die nachstehende Tabelle giebt ein Bild von den Aufwendungen der Arbeiterinnen für andere.

Tab. 23.

Lohnklassen in der flotten Zeit	Gesamtzahl der Arbeiterinnen	hiervon versorgen			Armenunterstützung empfingen
		Mann und Kinder	Eltern oder Geschwister	Kinder und Eltern oder Verwandte	
unter 5 Mark	1				
5— 7 =	29		3	1	
6—10 =	172	2	32	17	1
9—12 =	300		63	30	
12—16 =	250	2	81	39	
16—21 =	59		19	17	
20—22 =	1			1	
S.	812	4	198	105	1

Statistischer Fragebogen über die Lage der Arbeiterinnen in Buchbindereien, Kontobuch-, Luxuspapier-, und Karton-Fabriken.

Personalbogen.

1. Wie alt sind Sie?
2. Seit welchem Jahre sind Sie erwerbsthätig?
3. Seit wann in dieser Branche?
4. Seit wann in diesem Betriebe?
5. Welche Arbeit machen Sie?
6. Wer hat Sie angelernt?
7. Hatten Sie die letzten 12 Monate hindurch Arbeit?
8. Hatten Sie in der flauen Zeit andern Verdienst?
9. Wie viel Stunden arbeiteten Sie täglich in der flotten Zeit? (Pausen nicht mitzählen.)
10. Wie lange haben Sie Mittagspause?
11. Arbeiten Sie im Accord? (Stücklohn.)
12. Arbeiten Sie im Stundenlohn?
13. Arbeiten Sie im gemischten Lohn?
14. Wieviel verdienten Sie wöchentlich in der letzten flotten Zeit ohne Heimarbeit?
15. Wieviel verdienten Sie wöchentlich in der letzten flauen Zeit ohne Heimarbeit?
16. Werden in der flotten Zeit täglich Überstunden gemacht?
 (Wenn nicht — wie oft in der Woche?)

17. Erhalten Sie bei Stundenlohn für Überzeit einen Zuschlag?
18. Erhalten Sie bei Stücklohn für Überzeit einen Zuschlag?
19. Erhalten Sie die Feiertage bezahlt?
20. Können Sie am Sonnabend regelmäßig 1/2 6 Uhr das Geschäft verlassen?
21. Wie ist die Behandlung seitens des Prinzipals?
22. Wie ist die Behandlung seitens des Werkführers?
23. Sind Sie verheiratet?
24. Sind Sie verwitwet? (eheverlassen, geschieden.)
25. Wieviel Kinder haben Sie?
26. In welchem Alter stehen die Kinder?
27. Haben Sie Kinder durch den Tod verloren und wieviel?
28. Haben Sie **eigene Wohnung**?
29. Wieviel Räume ohne Küche hat die Wohnung?
30. Haben Sie eine Küche?
31. Haben Sie Aftermieter und wieviel? (Schlafmädchen, Schlafburschen.)
32. Wieviel Miete zahlen Sie für die Wohnung wöchentlich?....
monatlich?....
33. Sind Sie in **Schlafstelle**?.... bei den Eltern?....
bei Fremden?....
34. Wieviel Miete bezahlen Sie wöchentlich?.... monatlich?....
35. Unterstützen Sie alte oder kranke Eltern oder sonstige Angehörige?

Statistischer Fragebogen über die Lage der Arbeiterinnen in Buchbindereien, Kontobuch=, Luxuspapier= und Karton=Fabriken.
Werkstubenbogen.
Berlin,...... Str. Nr.... Datum........
Firma:...... Art des Betriebes..........
1. Zahl sämtlicher Arbeiterinnen, jugendliche einschließlich ......
2. Wieviel Jugendliche sind darunter?
3. Zahl sämtlicher männlicher Arbeiter?
4. Wird ein Motor im Betriebe verwendet?
5. Haben die Maschinen Schutzvorrichtungen?
6. Sind Arbeiterinnen im letzten Betriebsjahre verunglückt?
7. Was war die Ursache des Unfalls?
8. Welche Verletzung hatte er zur Folge?
9. In wieviel Räumen wird gearbeitet?
10. Sind die Räume bei Tage hell genug?
11. Sind die Räume abends genügend beleuchtet?
12. Auf welche Weise wird für Lüftung gesorgt?
13. Wie oft werden die Fußböden wöchentlich gescheuert?
14. Sind Umkleideräume vorhanden?.... Für die Frauen getrennt?....
15. Wie ist die Waschgelegenheit?
16. Werden vom Geschäft Handtücher geliefert?
17. Je eins für wieviel Personen?
18. Ist Trinkwasser vorhanden und in welcher Beschaffenheit?

19. Sind getrennte Bedürfnisanstalten für männliches und weibliches Personal vorhanden?
20. Werden Strafgelder erhoben?
21. Wozu werden diese verwendet?
22. Wann haben Sie eine Inspektion durch einen Gewerbe-Aufsichtsbeamten wahrgenommen?

---

23. Ist ein besonderer Raum zum Kochen vorhanden?
24. Wird im Arbeitsraum gekocht?
25. Wird auf gemeinsame Kosten gekocht?
26. Wer besorgt die Verwaltung?
27. Besteht eine Kantine oder ein Konsum?
28. Wer besorgt die Verwaltung?
29. Welche Nahrungsmittel und Getränke kann man dort kaufen?
30. Wieviel kostet die Portion Mittagessen?
31. Was erhält man dafür?
32. Ist ein besonderer Eßraum vorhanden?
33. Welches ist das hauptsächlichste Nahrungsmittel der Arbeiterinnen?
34. Welches ist das hauptsächlichste Getränk der Arbeiterinnen?

---

35. Werden einzelne Arbeiten von Männern und Frauen gemacht, und erhalten letztere bei gleicher Beschäftigung geringern Lohn?

---

36. Ist der Geschäftsgang im ganzen Jahre gleich, oder wechseln flotte und flaue Zeit regelmäßig ab?
37. Welche Monate umfaßt die flotte Zeit?
38. Werden regelmäßig Arbeiterinnen bei Beginn der flauen Zeit entlassen?
39. Wird mit den Arbeiterinnen eine Kündigung vereinbart?
40. Wenn nicht, kann dann jederzeit Entlassung erfolgen?

Beilegen einer Fabrikordnung erwünscht.

Printed by Libri Plureos GmbH
in Hamburg, Germany